KB230849

구직과 제도적 사회자본

구직과 제도적 사회자본

안재희 지음

KSI 한국학술정보㈜

목 차

I. 서 론

1. 연구의 필요성 및 목적

대졸 여성들의 취업은 다양한 요인들에 의해 결정된다. 개인의 인적자본, 사회자본, 사회경제적 위치, 노동시장의 상황 등이 여성의 취업에 영향을 미치나 기존에 여성의 취업과 사회자본의 관련성을 다룬 연구들은 극히 드물다. 그리고 대졸 여성의 낮은 취업률에 관한 초기 연구들 대부분은 취업결과에 따른 개인적 요인들에 초점을 맞추어 왔다. 구직자와 고용주 간의 상호작용이 이루어지는 노동시장에서 대졸 여성이 대졸 남성보다 자질이나 능력, 직업의식, 취업준비 등에서 부족한 면이 많아 취업 경쟁력이 떨어진다고 보았다(곽윤숙, 1993; 이선미, 1994; 정윤경, 1995; 임선희, 1996; 최지희, 2000; 장하진 외, 2000). 한편, 인간행위가 독단적으로 행해지는 것이 아니라 사회구조에 영향을 받기 때문에 개인적 수준에서 설명될 수 없는 구조적 요인들을 함께 고려해야 된다는 비판이 제기되면서 대졸 여성의 취업 자체를 제한하는 사회제도적 불평등에 관심을 갖는 구조주의 입장이 대두되기 시작하였다. 이 입장은 개인의 능력과 상관없이 여성들은 성, 지역, 경제적 지위와 같은 요인에 의해 제약당한다고 보았다(Braverman, 1974; 조미주, 2000; 권정숙, 2000). 그러나 구조주의 입장은 인간의 행위는 자신이 처한 사회적 집단이나 범주에 따라 무의식적으로 행해지는 것이 아니라, 자신과 구체적으로 관련된 사회적 관계 속에서 의도적으로 이루어진다는 점을 간과함으로써 대졸 여성의 낮은 취업률을 설명하는 데 한계에 부딪힌다.

따라서 대졸 여성의 낮은 취업률이나 그들이 취업과정에서 겪는 불평등을 살펴보기 위해서는 여성에 대한 구조적 제약과 그것을 넘어서고자 하는 행위자 개인의 노력을 함께 고려하는 동시에 사회적 관계가 개입되는 장으로써 노동시장을 바라볼 필요가 있다. 그리고 이에 적합한 분석틀을 제공해 주는 것이 바로 '사회자본론'이다. 사회자본은 자신이 직접 소유하고 있는 자본이 아니고 개인 간의 관계, 제도와의 관계에 내재한다는 점에서 다른 자본들과는 구별된다. 즉, 사회자본은 구직자가 직업세계로의 원활한 전환을 위해 다른 사람들과의 관계망이나 제도 안에 참여함으로써 끌어낼 수 있는 실제적, 잠재적 자본이다.

이러한 개념은 구직활동이 구직자와 고용주만의 관계가 아닌 제3자, 특히 대학이라는 제도가 개입되는 역동적인 과정임을 제시한다. 따라서 이 개념을 통해 성, 노동, 학벌 간의 관계에서 도출되는 불평등을 정교하게 분석할 수 있다.

대졸 여성의 취업이행과정에서 대학 내에서 형성되는 사회자본(이하 제도적 사회자본)을 주목할 필요가 있다. 제도적 사회자본은 대학의 조직적 특성으로 인해 파생되는 잠재적 자원과 그 안의 구성원들 간의 사회적 관계망에 의해 구성되는 실제적 자원으로, 인식하고 구조적 제약에 대한 새로운 가능성을 열어주지만 특정 학교에 소속된 구성원들에 의해서만 활용된다는 문제가 있다.

대학교육을 통해 형성되는 제도적 사회자본은 특정 대학 밖에 있는 타인들을 배제시킴으로써 노동시장에 존재하는 기존의 성, 계층 간의 불평등을 재생산시키는 폐쇄적 파당성격을 지닌다(김왕배, 2001: 182-187). 즉, 다른 속성을 가진 자들은 철저히 배제하면서 하나의 관계망 안에서만 정보가 교환되며, 그 내부에서만 사회적 도구로서 역할을 한다는 점에서 사회자본은 재생산적 측면을 지닌다(장원섭, 1997: 213). 따라서 기존의 사회적 불평등은 노동시장에서 작동되는 사회자본을 통해 한층 더 강화된다고 하겠다.

물론, 특정 대학에 소속된 구성원들에 한해서지만 제도적 사회자본은 이것을 소유하고 있지 않았을 때에는 불가능했던 일들을 가능하게 만들기도 한다. 제도적 사회자본을 동원하는 구직자들은 그렇지 않은 사람들보다 구직과정에서 취업기회 및 정보접근의 가능성을 증가시킨다는 점에서 분명히 생산적이다. 따라서 대졸 여성 개인이 대학교육을 통해 형성한 제도적 사회자본의 양과 질에 따라 노동시장에서 자신이 가질 수 있는 취업 가능성은 달라질 수 있다. 또한 구직이라는 활동은 공식적인 채널을 통해서 뿐만 아니라 사회적 상호작용을 통해 이루어지는 활동이다. Dzubow(1985)에 의하면 현실의 노동시장에는 상당한 크기의 숨겨진 직업시장(hidden job market)이 존재하는데 이 시장은 공식적으로 드러나지 않음에도 불구하고 실제로는 인력을 필요로 하는 일자리들의 집합이다. 그는 이러한 일자리들은 공식적인 방법에만 의존해 구인정보를 구하는 구직자들에게는 실질적으로 존재하지 않는 것과 다름없다고 말한다. 즉, "모든 공석의 반은 관계망을 통해 채워진다"(Finneran & Kelly, 2003: 282)라는 말에서도 알 수 있듯이 모든 정보가 모든 사람에게 동일하게 전달되는 것은 불가능하다. 우리나라와 같이 학연, 지연, 혈연을 중심으로 한 폐쇄적 사회적 관계가 강하게 발달된 사회문화적 환경일수록 취업이 사회자본을 통해 이루어지는 경우가 많다. 그리고 대졸 여성이 취업과정에서 겪는 어려움 중의 하나는 사회자본으로부터의 제한된 접근 또는 배제라는 현실적 상황에서 비롯된 것이다(Ibarra, 1993: 56). 대졸 여성의 취업난을 분석한 국내 연구들(이선미, 1994; 정윤경, 1995; 박주헌, 1997; 장하진 외, 2000)은 직업의식에 있어서는 남녀차이를 보이지 않지만 그러한 직업의식이 구체적이고 적극적인 행동으로 연결되지 못하고 있음을 지적하면서 그 원인을 여성 개인의 노력이나 실력부족으로 돌린다. 하지만 실제 여성들이 진로정보를 수집하고 직업준비를 늦게 시작하는 등 전반적인 취업전략의 미흡은 여성들이 남성들에 비해 그러한 정보를 수집하고 활용하는 데 도움을 줄 수 있는 조언자의 부재로 인해 파생된 결과일 수 있다. 다시 말해 구체적인 취업전략이라는 것이 대학 내에서 만들어지는 제도적 사회자본을 통해 구체화되는 경우가 많은데 상대적으로 여성들은 여러 가지의 제약들로 인해 이러한 자본을 형성하고 활용하기가 쉽지 않다.

바로 이러한 점이 대졸 여성의 취업과정을 탐색하는 데 있어 대학의 구조와 그 구성원들의 사회적 관계에 의해 만들어지는 제도적 사회자본에 관심을 가져야 하는 이유이다.

그러므로 본 연구는 불평등과 배제의 재생산이라는 측면에서 사회자본을 개념화하고 노동시장 내 사회자본 동원 방식 중에서 특정 대학에 소속됨으로써 획득할 수 있는 제도적 사회자본의 불평등한 분배와 활용에 초점을 맞추고자 한다. 이를 위해 대졸 여성들의 취업이행과정에서 제도적 사회자본의 역할을 살펴보고, 제도적 사회자본 형성과 활용에 영향을 주는 구조적 요인을 분석해 대학이 여성의 제도적 사회자본 형성에 어떤 역할을 해야 하는지를 탐색하고자 한다. 이러한 일련의 과정은 대졸 여성의 구직과정이 학벌주의와 대학의 성차별적 구조로 인한 제도적 사회자본의 차별적 접근과 활용에 영향을 받고 있음을 경험적 연구를 통해 밝히는 작업이라 하겠다.

2. 연구의 방법

1) 조사대상

대졸 여성들의 취업과정을 알아보기 위해 졸업 후 2년이 경과하지 않은 2003~2004년도 남녀 대졸자 293명(남성: 47.8%, 여성: 52.2%)을 대상으로 연구를 수행하였다. 조사대상자를 졸업 후 2년이 경과하지 않은 사람으로 제한한 것은 취업에 영향을 미칠 수 있는 경제적·교육적 환경 변화의 영향력을 최소화하기 위해서다. 조사대상자들이 졸업한 대학은 서울에 소재하고 있는 남녀공학으로 2003년도 수능배치표를 기준으로 세 개의 대학서열군으로 구분하였다.[1] 상위권 대학은 수능성적 상위 5% 안에, 중위권 대학은 수능성적 상위 30% 안에, 하위권은 수능성적 60% 안에 드는 대학들이다. 본 연구에서 중위권 대학 비중이 다른 대학들에 비해 약간 높은 편이지만, 각 유형별로 통계처리의 최소 단위인 30명이 넘은 관계로 중위권 대학의 편중을 해소하지 않았다.

〈표Ⅰ-1〉 조사대상자의 일반적 특성

단위: 명(%)

		남 성	여 성	전 체
대학서열	상위권	54(38.6)	44(28.8)	98(33.4)
	중위권	53(37.9)	66(43.1)	119(40.6)
	하위권	33(23.6)	43(28.1)	76(25.9)
합 계		140(47.8)	153(52.2)	293(100.0)

---

1) 대성학원이 제공하는 2003년도 수능배치표 참조.

조사대상자들의 고용현황을 고용상태, 고용형태, 기업규모별로 살펴본다. <표Ⅰ-2>를 보면 응답자 전체의 취업률은 41%로, 서울소재 4년제 대졸자의 평균 취업률 60%(2004년 기준)보다는 낮게 나타났다. 이는 본 연구에서 취업의 시점을 대학을 졸업하는 시점으로 한정했기 때문으로 보인다. 취업의 시점을 졸업시점으로 맞춘 것은 대학서열, 성별 간의 차이를 더욱 뚜렷하게 보기 위해서다. 졸업시점의 취업여부야말로 각 대학이 갖고 있는 제도적 사회자본의 영향력에 따라 졸업생들의 취업이 결정될 확률이 높기 때문이다. 따라서 응답자들에게는 현재의 취업여부가 아닌 졸업할 당시(졸업식 기준)의 취업여부를 물어보았다. 이를 성별에 따라 보면 대졸 남성의 44.3%가 취업한 반면, 대졸 여성은 37.9%만이 취업해 성별에 상관없이 대부분의 응답자들이 졸업할 당시에는 미취업 상태로 남아 있었다. 대학서열에 따른 성별 간 차이를 보더라도 동일한 대학을 졸업했어도 여성의 취업률이 남성보다 상대적으로 낮았다.

〈표Ⅰ-2〉 대학서열별 응답자의 고용상태

단위: 명(%)

			취 업	미취업
전 체		남 성	62(44.3)	78(55.7)
		여 성	58(37.9)	95(62.1)
	전 체		120(41.0)	173(59.0)
대학서열	상위권	남 성	26(48.1)	28(51.9)
		여 성	20(45.5)	24(54.5)
	전 체		46(46.9)	52(53.1)
	중위권	남 성	27(50.9)	26(49.1)
		여 성	28(42.4)	38(57.6)
	전 체		55(46.2)	64(53.8)
	하위권	남 성	9(27.3)	24(72.7)
		여 성	10(23.3)	33(76.7)
	전 체		19(25.0)	57(75.0)

여성의 경우, 첫 일자리 진입의 양적 확대에도 불구하고 여성 취업자의 종사상 지위는 여전히 열악하기 때문에 고용형태를 조사하는 것은 여성 취업의 또 다른 문제를 드러내는 것이다. 비정규직화가 여성만의 문제는 아니지만 이 형태에서 여성의 비중이 높다는 것은 간과해서는 안 될 문제다. 고용형태별로 살펴본 <표Ⅰ-3>을 보면 남성의 87.1%가 정규직에 취업한 반면 여성은 48.3%만이 정규직에 취업해 대졸 여성의 직업 안정성이 상대적으로 낮음을 알 수 있다.

이에 대학서열에 따른 성별 차이를 보면 대학서열에 상관없이 모든 여성이 남성에 비해 정규직 취업률이 낮았다. 특히 하위권 대졸 여성인 경우 동일한 대학서열의 남성보다 무려 50%포인트나 낮은 비율을 보이고 있어 이 집단의 고용불안정이 가장 심각하다고 하겠다. 비정규직 증가는 노동시장의 변화로 인한 자연스러운 결과라 할 수 있지만, 비정규직에서의 여성 비중이 상대적으로 높다는 것은 주목할 사항이다.

〈표Ⅰ-3〉 대학서열별 응답자의 고용형태

단위: 명(%)

		정규직	비정규직
전　체	남　성	54(87.1)	8(12.9)
	여　성	28(48.3)	30(51.7)
전　체		82(68.3)	38(31.7)
대학서열	상위권 남　성	25(96.2)	1(3.8)
	상위권 여　성	12(60.0)	8(40.0)
	전　체	37(80.4)	9(19.6)
	중위권 남　성	22(81.5)	5(18.5)
	중위권 여　성	14(50.0)	14(50.0)
	전　체	36(65.5)	19(34.5)
	하위권 남　성	7(77.8)	2(22.2)
	하위권 여　성	2(20.0)	8(80.0)
	전　체	9(47.4)	10(52.6)

여성 집단의 취업은 단순하게 취업여부가 중요한 것이 아니라 어떤 특성을 가진 일자리에 취업되는가도 중요하다. 대졸자들은 동일한 조건이면 대기업에 취업하고자 한다. 일반적으로 대기업은 자본금의 규모가 크고 고용이 안정되어 있을 뿐 아니라 근로조건도 상대적으로 양호하다. 우리나라 노동시장은 기업규모에 따라 내부 노동시장과 외부 노동시장으로 나눠지기도 하는 경향이 있어서, 기업규모는 근로조건 등을 반영하는 척도로 작용한다. 대졸 여성들이 취업한 기업유형을 살펴본 <표Ⅰ-4>를 보면 대기업(41.4%)과 중소기업(58.6%) 취업률은 남성과 비슷한 수준이지만 상대적으로 대기업에 취업한 비율이 낮은 것은 사실이다. 이를 대학서열에 따라 보면 상위권 대졸자의 60%가 대기업에 취업한 것과 달리 중위권, 하위권 대졸자들의 대기업 취업률은 이보다 낮은 수준이며 특히 하위권 대졸자의 대기업 취업률은 매우 낮다. 동일 대학서열 내에서 성별 간 차이를 비교해 보더라도 중위권 대학을 제외하고는 일반적으로 여성들의 대기업 취업률은 남성보다 낮다.

〈표Ⅰ-4〉 대학서열별 응답자가 취업한 기업규모

단위: 명(%)

			대기업	중소기업
전 체		남 성	28(45.2)	34(54.8)
		여 성	24(41.4)	34(58.6)
	전 체		52(43.3)	68(56.1)
대학서열	상위권	남 성	19(73.1)	7(26.9)
		여 성	12(60.0)	8(40.0)
	전 체		31(67.4)	15(32.6)
대학서열	중위권	남 성	8(29.6)	19(70.4)
		여 성	12(42.9)	16(57.1)
	전 체		20(36.4)	35(63.6)
	하위권	남 성	1(11.1)	8(88.9)
		여 성	0(.0)	10(100.0)
	전 체		1(5.3)	18(94.7)

2) 변수측정 및 자료분석

가. 제도적 사회자본의 형성 및 제약 요인[2]

우선, 취업을 위해 대졸 여성들은 어느 정도 취업준비를 했는지를 분석하기 위해 교차분석과 일원변량분석을 실시하였다. 교차분석과 일원변량분석에서 성별과 대학서열을 독립변수로 설정하였으며 종속변수로 각 개인의 취업준비 정도를 설정하였다. 각 개인의 취업준비 정도는 학점, 자격증 개수와 세부적인 취업준비의 8개 항목을 표준화 점수로 변환한 후 합산한 총점수를 종속변수로 활용하였다. 세부적인 취업준비 항목으로는 영어, 컴퓨터, 인간관계기술, 면접, 이력서 작성, 전공지식 습득, 시사 및 상식 분야, 자격증 준비에 있어 어느 정도의 시간과 노력을 투자했는지를 5점 척도로 조사하였다. 한편, 취업준비 정도가 취업결과에 어떤 영향을 주는지를 살피기 위해 종속변수로 취업결과(취업 / 미취업)를, 독립변수로 각 개인의 취업준비 정도의 표준화 점수를 활용해 로짓분석을 실시하였다.

다음으로 대졸 여성이 대학이라는 제도 안에서 형성할 수 있는 제도적 사회자본이 어느 정도인지를 분석하기 위해 교차분석과 일원변량분석을 실시했고 제도적 사회자본이 취업결과에 주는 영향을 분석하기 위해 로짓분석을 실시하였다. 이때 사용된 종속변수는 취업결과이며 독립변수는 각 개인이 획득한 제도적 사회자본의 총합이다(<표 I -5>참조).

---

2) 이 부분에 대한 설명은 안재희(2006), 대졸 여성의 취업에 대한 제도적 사회자본의 영향에서 차용했음을 미리 밝혀 두는 바이다.

<표 I-5> 제도적 사회자본 유형

대분류	중분류	질문항목
사회적 관계	• 취업한 선배와의 관계 • 학과 이외의 사람들과의 관계 • 취업센터 직원과의 관계 • 교수와의 관계	취업에 관해 이들 집단과 어느 정도 상호 작용하였는가
다양한 활동 참여	• 자치활동 참여 • 예비 취업활동 참여 • 직업탐색 활동 참여	다음과 같은 활동에 어느 정도 참여했는가
대학의 구직환경	• 취업과 관련된 교육과정 • 학교조직 • 취업센터	다음과 같은 취업지원체제가 어느 정도 마련되어 있었는가

제도적 사회자본의 총합은 취업을 중심으로 대학 안에서 만나게 된 사람들과의 관계, 다양한 활동 참여, 대학의 구직환경 등 세 가지 하위 영역으로부터 얻은 점수를 표준화해 합산한 총점수이다. 로짓분석 과정에서 다중공선상의 문제를 해결하기 위해 독립변수들 간의 상관관계를 조사해 상관이 높은 변수들은 제외하였다. 따라서 대학의 성차별적 상황을 측정한 총 13개의 문항 중에 9개의 문항만이 로짓분석 과정에 활용되었다.

한편, 제도적 사회자본의 획득에 영향을 주는 요인을 알아보기 위해서는 중다회귀분석을 실시하였다. 이때 사용된 종속변수는 각 개인이 획득한 제도적 사회자본의 총합이다. 독립변수는 개인적 요인(성별, 계층, 대학서열)과 대학 요인(대학서열, 대학의 성차별적 환경)이며, 로짓분석 과정에서 다중공선상의 문제를 해결하기 위해 독립변수들 간의 상관관계를 조사해 대학의 성차별적 환경 변수들 중 상관이 높게 나온 변수들은 제외하였다. <표 I-6>은 회귀방정식에 사용된 독립변수를 정리한 것이다.

〈표 I-6〉 회귀분석에 사용된 독립변수

변수명		내용
성 더미	Dsex	Dsex=1이면 여성, 그렇지 않으면 남성
계 층	Dhire1	하류층을 나타내는 더미
	Dhire2	중류층을 나타내는 더미(기준 계층은 상류층)
대학서열	Du1	중위권 대학을 나타내는 더미
	Du2	하위권 대학을 나타내는 더미 (기준 대학은 상위권 대학)
대학의 차별적 환경		개별문항

개인의 계층은 부모의 직업지위와 교육수준으로 알아보았다. 부모의 학력은 5점 척도로 중졸이하, 고졸, 초대졸, 대졸, 대학원 이상으로 구분했다. 개방형 질문으로 조사한 부모의 직업지위 변수는 Trieman(1977)이 만든 '표준국제직업위세척도'를 참조하여 본 연구에 맞게 전문관리직, 반전문직·기술직 및 사무직, 판매서비스직, 생산직, 농어민·주부 등 5점 척도로 직업위세 점수를 재구성하였다. 따라서 각 개인의 계층점수는 최소 4점에서 최대 20점을 갖게 된다. 그리고 이 점수를 갖고 평균(10.38점)과 중위수(10점) 그리고 4분위 값을 구한 결과를 기반으로 상류층, 중류층, 하류층으로 집단을 구분한 후 제도적 사회자본 형성에 영향을 주는 독립변수로 활용하였다.

대학 요인으로는 대학서열과 대학의 성차별적 환경이라는 변수를 설정하였다. 대학서열은 응답자들이 기술한 대학명을 보고 2003학년도 수능배치표를 기준으로 상위권 대학, 중위권 대학, 하위권 대학 세 개 군으로 구분하였다. 대학의 성차별적 환경은 선행연구(노혜숙 외, 1996; 김지영, 2000; 이은주, 2000; 임선희·전혜영, 2004)와 사전면담조사를 기반으로 대학문화, 취업과정, 사회적 관계에서 경험한 성차별적 요인을 추출해 총 13개 문항을 만들어 3점 척도로 측정하였다.

나. 제도적 사회자본의 활용

제도적 사회자본의 활용은 취업과정에서 취업정보나 영향력을 얻기 위해 제도적 사회자본을 활용한 경우를 의미한다. 이러한 활용은 구직 정보를 탐색하는 과정뿐만 아니라 직업을 획득하는 과정 모두와 관련이 있다. 따라서 취업과정에서 구직정보를 탐색하고 취업을 위한 실질적인 영향력을 획득하기 위해 동원한 사회적 관계망과 구직경로를 통해 드러 난다고 볼 수 있다.

우선, 응답자들의 구직경로를 분석하기 위해 구직과정에서 주로 사 용한 경로와 실제 취업자들만을 대상으로 그들이 어떤 경로를 통해 취 업했는지를 조사한 후 빈도 분석과 교차분석을 하였다. 본 연구에서는 Lee & Brinton(1996)의 구분방식을 차용해 구직경로를 개인적 사회자 본, 제도적 사회자본, 공식적인 방법(공개지원)으로 구분하였다. 개인적 친분관계에 있는 부모, 친지, 형제 등과 같은 인물을 통해 취업에 관련 된 정보를 얻거나 추천을 받아 고용이 이루어지는 경우를 개인적 사회 자본을 통해 취업한 것으로 간주했다. 그리고 학교추천제, 졸업한 대학 의 교수나 동기, 선배들 또는 학교에서 알게 된 사람들을 통해 취업한 경우를 제도적 사회자본의 활용으로 보았다. 한편, 가장 널리 알려진 공 식적인 방법의 구직 매개물로는 매체(라디오, 텔레비전, 신문, 잡지, 인 터넷)를 통한 구인광고, 공공게시판에 붙은 구인광고 등을 고려하였다.[3] 사회자본과 공식적인 방법을 구분하는 기준은 정보의 공개성 여부이다. 사회자본을 통해 획득한 구직정보나 취업기회는 특정 집단 혹은 개인에

---

3) 학교단위의 채용설명회를 공식적인 방법에 포함시키기도 하는데, 본 연구에서는 이 를 제도적 사회자본에 포함시켰다. 공식적인 방법은 노동시장 안에 있는 모든 구직 자들에게 정보를 알린다는 특성을 갖고 있는데, 채용설명회는 기업체에서 대학을 선 택해 특정 몇몇 대학을 중심으로만 이루어진다는 점에서 공식적인 방법으로 포함시 키기에는 무리가 있다. 그러므로 본 연구에서는 채용설명회가 특정 대학에 재학 중 인 학생들에게 집중적으로 이루어진다는 우리사회 현실을 감안해 제도적 사회자본 에 포함시켰다.

게만 전달되는 것이고 공식적인 방법의 구체적 형식들은 각 개인이 처한 구조적 위치와 상관없이 누구에게나 공유될 수 있는 구직경로이다.

<표Ⅰ-7> 구직경로의 세부채널

자본 유형	세부항목
제도적 사회자본	학과사무실, 학교취업센터, 교수추천, 채용설명회, 대학선후배, 지인(교수, 동창, 학교선배)을 통해 알게 된 사람, 특채
개인적 사회자본	부모, 형제, 친척, 동네친구, 이웃사람, 지인(부모, 형제 등)을 통해 아는 사람
공식적인 방법 (공개지원)	인터넷을 활용한 입사지원, 신문이나 방송의 구인광고

다음으로 응답자 개인의 제도적 사회자본 활용 정도와 유형을 알아보기 위해 구직과정에서 도움을 받은 사람들을 세 명까지 기재하도록 한 후 그들의 경제적 지위, 학력, 접촉빈도 그리고 응답자와의 관계유형을 기반으로 사회적 관계망의 내용과 구조를 분석하였다. 관계망의 내용은 두 사람 간의 관계에서 ‘두 사람이 얼마나 친밀한가’ 혹은 ‘어느 정도 자주 관계를 갖고 오래 지속되어 왔는가’, ‘어떤 유형의 관계로 연결되어 있는가’로 파악된다. 따라서 관계망의 내용은 관계유형, 빈도, 크기 그리고 연결강도로 분석될 수 있다. 관계유형은 구직자와 협력자의 관계가 무엇이냐 즉, 그 사람을 어떻게 알게 되었는가로 측정했고 빈도는 개인 행위자와 협력자들이 만난 접촉 정도로 분석했다. 관계망의 크기는 응답자가 기재한 사람들의 수로 파악하였다. 한편, 기존 연구에서는 관계유형과 협력자의 직업지위로 연결강도를 측정하였다(Wegener, 1991). 본 연구에서도 기존 연구의 구분방식을 차용했지만 이외에 그 관계가 어떠한 사회적 맥락에서 발생 됐는지를 고려해 개인적 약한 연결, 개인적 강한 연결, 제도적 약한 연결, 제도적 강한 연결 등 네 가지 유형으로 연결강도를 분류하였다. 개인적 약한 연결은 접촉빈도가 적고 개인

적 관계망을 통해 알게 된 사람들이다. 개인적 강한 연결은 1차적 사회 관계를 기반으로 해서 구성원들 간의 동질성이 강하다. 제도적 약한 연결은 학교라는 제도에 소속됨으로서 알게 된 사람들로 접촉빈도는 적으며 구성원들 간의 연대 정도도 약하다. 제도적 강한 연결은 학교라는 제도를 통해 알게 된 사람들로 접촉빈도가 높고 구성원들 간의 동질성이 강한 관계로 경제적 수준, 학력 등이 비슷한 사람들이다. 대학동창 뿐만 아니라 고등학교·중학교 동창도 제도적 강한 연줄로 분류한 이유는 이들 동창관계가 행위자 개인이 소속된 대학을 중심으로 이루어지기 때문이다. 가령, 고등학교 동문회는 특정 대학에 입학한 사람들을 중심으로 이루어지는 경우가 많기 때문이다.

〈표Ⅰ-8〉 사회적 관계망의 연결강도 유형

	개인적 사회자본	제도적 사회자본
약한 연결	이웃사람, 그냥 아는 사람	교수, 학교취업센터 직원
강한 연결	부모, 형제, 친인척, 고향친구	동창(중학교, 고등학교, 대학)

한편, 본 연구에서는 관계망의 구조를 접촉한 사람의 성별, 경제적 지위, 학력이 응답자의 사회적 위치와 얼마나 비슷한지로 측정했다. 관계망의 구조는 동질성을 기반으로 파악되는데 동질성이란 자신과 사회적, 개인적 속성이 동일하거나 비슷한 사람과의 결합정도를 의미한다. 즉, 성·연령·학교유형·지역 및 다양한 출신배경에 있어 자신과 상대방이 일치하는 정도를 말하는데, 그 일치정도가 높으면 그 관계망은 동질적인 반면 그렇지 않은 경우는 이질적인 것이다.

다른 한편 성별에 따라 사회적 관계망의 실질적인 보상 효과가 달라지는가를 알아보기 위해 응답자 개인이 구직과정에서 동원한 사회적 관계를 통해 실질적으로 어떤 도움을 받았는지를 조사한 후 빈도 분석하였다. 본 연구에서는 도움 유형을 정보 제공과 영향력 행사로 분류하고

정보의 성격을 좀더 세분화하기 위해 채용정보와 면접이나 시험정보로
구분하였다.

<표Ⅰ-9> 협력자가 제공한 도움 유형

	구체적 도움 유형
정보 제공	채용정보
	면접 및 필기시험과 관련된 정보
영향력 제공	추천, 직원소개, 직접고용 등

3. 자료조사 방식

　본 연구에서는 연구방법으로 설문조사를 통한 자료수집과 계량적 분
석방법을 사용하였다. 1차로 본 연구의 신뢰성, 타당성을 검증하기 위해
2004년 7월 14일부터 7월 31일까지 서울 및 수도권 대학을 졸업한 대
졸자 65명을 대상으로 예비조사를 실시하였다. 이외에 본 조사의 설문
문항을 구성하기 위해 연구자가 참여 가능한 취업특강, 취업박람회, 취
업설명회 등을 참여 관찰했으며 취업센터직원, 4학년 여자대학생 그리고
졸업자들을 면담하였다. 이러한 기초조사를 기반으로 본 조사는 2004년
8월 23일부터 10월 9일까지 서울소재 남녀공학 졸업생들을 대상으로
실시하였다. 그리고 응답자들에게 설문조사를 의뢰한 방식은 각 대학의
조교실과 졸업준비위원회에 양해를 구해 1차로 2004년도 8월에 졸업한
졸업생들을 대상으로 면대면 설문조사를 실시하였고, 이미 졸업한 사람
에 대해서는 우편조사를 실시하였다.

1. 여성과 취업에 관한 접근

1) 개인주의적 접근

개인주의적 접근은 능력주의에 입각해 취업여부는 개인이 갖고 있는 인적자본의 양과 질에 좌우된다고 본다. 교육은 생산성을 높이는 역할을 수행하기 때문에 교육받은 사람이 교육수준이 낮은 사람보다 더 많은 소득과 지위를 갖는 것은 당연하다. 만일 여성이 남성에 비해 취업에 실패하는 확률이 높거나 취업했어도 낮은 임금이나 사회적 지위에 머무는 것은 노동시장에서 요구하는 능력과 자질이 결핍되어 있거나, 교육이나 훈련 등 인적자본에 투자한 양이 다르기 때문이다. 따라서 여성의 낮은 취업률은 교육과 훈련을 통한 투자에 의해 개선될 수 있기 때문에 학교교육의 중요성을 부각시킨다.

개인주의적 접근에서 언급하는 대졸 여성의 낮은 취업률의 원인은 크게 세 가지이다. 첫째, 취업전략의 부재를 언급하면서 여자대학생이 남자대학생보다 직업준비를 늦게 시작하고 직업준비활동 비율도 더 낮다고 지적한다. 이선미(1994), 유제홍(1998) 연구에 의하면 남녀 간에 취업포부에서는 차이가 나타나지 않지만 취업전략에는 차이를 보이고 있다.[4] 정윤경(1995)의 연구 역시 여대생의 직무능력과 직업의식은 남자 대학생과 동등하거나 더 높게 나타났지만, 자기탐색 및 이해가 부족하고 구체적이고 실제적인 진로정보를 수집하지 못하고 있다고 지적한다. 장하진 외(2000) 연구에서도 여대생의 직업의식 실태를 조사하면서 취업준비를 시작한 시기 역시 노동시장에서의 성공과 관련을 갖는데 남학생과 달리 대부분의 여대생들이 4학년이 돼서야 비로소 취업준비를 하고, 이런 늦은 취업준비로 여학생들은 자신의 진로에 대해 심각하게 고려할 만한 시간적 여유가 없다고 보고한다. 결국, 소극적인 취업준비와 직업시장에 대한 낮은 인식, 그리고 적절하지 못한 구직방법으로 대졸 여성들의 노동시장에서의 성공률이 감소한다는 것이다. 따라서 여학생들이 보다 활발한 사회경제적 진출을 원한다면 취업포부를 높게 가지는 것에서 그치는 것이 아니라, 구체적이고 현실적인 취업전략을 세우고 실천해 취업률을 높여야 한다는 것이다.

둘째, 대학에서의 특정 전공 분야의 집중 현상을 지적한다. 장지연 (1991), 곽윤숙(1993), 김재원(1998), 김선영(2000)은 여성들의 고학력화가 진행됨에도 불구하고 여전히 노동시장에서 성별직종 분리가 존재하는 것은 지나치게 특정 분야의 전공에 집중된 노동시장 진입과 노동시장 내 성별직종 분리현상이 일어난다고 결론 내린다. 남성들이 산업체의 인력 수요가 높은 이·공학계 등 소위 직업밀착형 전공계열에 많이 분포되어 있는 반면, 여성은 인문·사회계열이나 예체능계 등 노동시장의 수요가 적은 전공에 몰려 있기 때문에 여성의 취업률이 상대적으로

---

4) 취업포부란 취업을 하고자 하는 욕구뿐만 아니라 직업에서 성취하고자 하는 바가 뚜렷한지의 여부, 취업을 위한 계획의 구체성, 취업이라는 문제를 헤쳐 나가려는 각오 등을 포함한다. 취업전략이란 취업을 성취하기 위한 전반적 또는 세부적인 계획과 준비과정을 어느 정도 실현하고 있는지를 파악하기 위한 개념이다. 따라서 취업전략은 취업의 실제적인 성취를 위하여 대학생들이 취하는 지식, 기술, 정보 등의 준비도 및 실천도를 의미한다(이선미, 1994).

낮을 수밖에 없다는 것이다(장지연, 1991).

셋째, 교육에서 성역할 사회화가 문제이다.[5] 남녀간의 능력 차이는 타고난 것이 아니라 교육을 통해 이루어지는 성별에 따른 정형화된 사회화의 결과이다. 학교에서 가르치고 있는 교과서 내용, 학교의 구조, 교사의 기대 등에서 여성들에게는 종속적, 양육적, 정서적 특성들이 강조되는 반면 남성들에게는 지배, 경쟁, 합리성 등의 인성 특성들이 요구되며 이는 여성의 인적자본 투자에 영향을 미친다고 본다. 임선희(1996)는 여자대학생의 취업현황과 확대방안을 논하면서 학교교육에 내재해 있는 성역할 사회화의 내용과 과정이 변화되어야 하며, 남성영역으로의 여학생 진출을 증가시키기 위한 여학생에 대한 격려, 수학과 과학의 성취를 높이기 위한 프로그램과 진로지도 등이 필요하다는 것을 일관되게 주장하고 있다.

이처럼 개인주의적 접근에 초점을 맞춘 연구들은 노동시장에서 여성역할의 구체적 측면을 조명하거나 여성 개인의 사회·경제적 지위를 설명해 주고 중등교육단계부터 여학생들에 대한 성인지적 시각에 기반을 둔 진로지도의 필요성을 제기한다는 점에서 의미가 있다. 하지만 이들이 파악하는 대졸 여성 취업난의 원인은 논쟁의 여지가 많다. 우선, 이들이 주장하는 것처럼 대졸 여성들이 취업에 실패하는 원인이 여성 개인의 낮은 취업 경쟁력으로 인한 것인지는 논쟁의 여지가 있다. 손승영·조정아(1993)의 연구에서 밝혀졌듯이, 기업 인사담당자의 80%가 남성보다 여성의 실력이 더 뛰어나다고 인식하고 있으며 김태홍·문유경(1999)의 연구 역시 여성이 남성보다 더 다양하고 활발한 구직활동을 하고 있다는 것을 보여 주고 있다. 다음으로 인적자본론은 각 개인들이 실제 갖고 있는 인적자본과 시장에서 인식하는 인적자본의 차이에서 오는 임금과 지위 격차를 설명하지 못한다(Redclift & Sinclair, 1991). 대졸 여성이 대졸 남성과 동일한 혹은 더 우수한 인적자본을 갖고 있어도 노동

---

5) 성역할 사회화란 한 사회의 문화가 성별에 따라 남녀에게 적절한 것으로 규정하는 행동이나 태도에 대한 기대를 의미한다(박기남, 1998: 15).

시장에서는 남성이 여성에 비해 더 높은 수준의 기술을 갖고 있을 거라
고 기대하면서 남성에게 더 많은 기회와 높은 임금을 지불하고 있다.
따라서 여성들의 낮은 취업률을 인적자본만을 가지고 설명하기에는 문
제가 있다. 또한 전공계열에 초점을 맞춘 연구들은 동일계열의 남녀학
생 간의 취업률 격차를 설명하지 못한다. 동일계열, 동일학과 내에서도
여학생의 취업률은 남학생에 비해 10~20% 낮은 것을 보면 여성의 직
업세계로의 전환이 어려운 것은 단순히 여학생들이 비인기계열을 전공
했기 때문만은 아니다(김태홍, 1995; 김지영, 2000, 임선희, 2003). 정형
욱(1999)은 특정한 전공을 이수한 자체가 취업의 장애가 된다면 그것은
구조적으로 그 전공의 대학정원을 줄이거나 노동시장의 수요창출로 해
결해야지 특정한 계열을 전공하였기 때문에 취업이 안 되는 것을 당연
하다는 식으로 여학생의 취업문제를 설명하는 것은 문제라고 지적한다.
간혹 시장에서 교환가치가 높은 전공 혹은 계열을 전공했어도 여대생은
취업과정에서 어려움을 경험하는 것이 사실이다. 그러므로 여학생들을
공학이나 이과계열로 진입시킨다고 해서 여대생의 취업률과 질이 현저
하게 향상될 것으로 보이지 않는다. 마지막으로 취업준비전략의 미흡과
노동시장에서 수요가 적은 전공 선택을 단순히 여성 개인의 자발적 선
택으로 보는 것은 무리가 있다. 이러한 설명은 여성들의 시장에 대한
자원 및 계획의 차이를 설명하는 장점이 있지만 그러한 행동이 사회구
조적 틀 내에서 이루어진다는 점을 간과한다.6) 사실상 선택은 불평등의
맥락 안에서 만들어진 것이며 여성과 남성은 성편견적 가정과 불균등한
권력분배로 만들어진 노동시장에 참여하는 것이다(Redclift & Sinclair,

---

6) 개인주의적 접근이 갖고 있는 전반적인 문제는 이 접근이 전제하고 있는 신고전주
　의 모델의 방법론적 한계로 인해 파생된 것이다. 신고전주의는 노동시장 내 권력관
　계가 존재한다는 의문을 제기하지 않고, 단지 성별불평등이 노동시장에서의 자발적
　인 개인의 결정으로 인한 결과물로 본다. 또한 노동의 공급자와 수요자가 노동시장
　에서 가지고 있는 동기는 합리적인 이해에 근거한다고 가정하기 때문에 노동시장
　내 존재하는 성별불평등에 문제를 제기하지 않는다.

1991). 즉, 여성들의 선택은 경제관계, 권력관계와 같은 사회구조적 맥락 안에서 이루어지는 것이므로 단순히 여성 개인의 심리적 혹은 관념의 문제로 돌리는 것은 문제가 있다. 여학생들이 인문·사회계열에 집중되어 있는 것은 여성 개인적 선호에 기반을 둔 선택이라기보다는 여성에 대한 사회적 평가 또는 가부장적 이데올로기의 영향이 크다고 할 수 있다. 결국, 개인주의적 접근은 그들이 예상한 것보다 더 복잡한 양상을 띠는 여성의 학력과 노동력 공급의 관계, 여성의 취업이행과정을 설명하는 데에 한계를 지닐 수밖에 없다.

2) 구조주의적 접근

구조주의적 접근은 성·인종·계층과 같은 개인이 속하고 있는 사회적 위치를 집단 간 취업률의 차이를 유발하는 요인으로 간주하고 이에 대한 영향을 분석한다. 여성의 지속적인 노동시장 내 진출에도 불구하고 여전히 남성보다 낮은 취업률을 보이거나, 성별직종 분리가 뚜렷한 특정 분야로만 진출이 팽배한 사실에 문제를 제기하면서 이는 여성의 사회구조에 의한 차별적 기회제공에서 비롯된다고 본다.

구조주의 시각에 기반을 둔 연구들은 크게 세 가지 측면에서 그 원인을 분석하고 있다. 먼저, 노동시장 자체가 성별에 따라 나뉘어 있다는 점을 언급한다. 남성들은 높은 임금, 좋은 근무조건, 보다 나은 승진기회를 갖는 1차 노동시장에 진입하는 반면 여성들은 낮은 임금, 열악한 근무조건, 승진기회의 상대적 박탈감을 특징으로 하는 2차 노동시장에 진입한다(Doeringer & Piore, 1971; Barron & Norris, 1976; Althauser & Kalleberg, 1981; 김영화, 1990).[7] 따라서 노동시장에서 개인들은 성

---

7) Sorensen & Kalleberg(1981)는 노동시장의 분절을 닫힌 지위체계와 열린 지위체계라는 개념으로 구분한다. 닫힌 지위란 그 지위를 점하고 있는 선임자가 자리를 비웠을

·인종·종교·교육수준과 같은 몇 개의 변수에 따라 서로 다른 집단들에게 구조적으로 분리된 차별적 기회구조에 노출되어 있기 때문에 여성들이 남성과 동일한 인적자본을 갖고 있어도 취업과정에서 많은 어려움에 부딪힐 수밖에 없다.

둘째, 노동시장 내 여성의 열악한 위치는 자본주의 생산양식에서 비롯된 것이다. 이는 주로 마르크스주의 페미니스트들이 주장하는 것으로, 대졸 여성이 취업과정에서 부딪히는 어려움을 자본과 노동의 관계 속에서 분석한다. 이들 연구(Braverman, 1974; 조미주, 2000)에 의하면 여성에 대한 남성의 지배가 가능한 것은 남성이 여성보다 더 강력한 물질적 기초를 지니고 있기 때문이다. 그러므로 여성 노동은 산업예비군적 성격을 지니며 탈숙련화의 과정을 통해 자본가들은 노동력이 부족할 때 언제든지 가정으로 돌려보낼 수 있는 비정규직, 비숙련 노동직에 여성들을 머물게 한다는 것이다.

셋째, 가부장제 사회구조로 인해 노동시장 내 성차별이 존재한다. 이러한 원인분석은 급진주의 페미니스트들에 의해 제기된 것으로 가부장제에 기반을 둔 여성억압의 물질적 토대를 설명한다. 여성의 생식기능은 성에 의한 노동분리의 원인이 되므로 노동시장 내 성별직종 분리는 여성들을 생물학적 운명으로부터 해방시켜 줄 수 있는 과학기술을 소유함으로써 해결될 수 있다고 본다(김익두 외 역, 1993: 272-273).

이처럼 구조주의 접근에 기반을 둔 연구들은 공통적으로 여성의 인적자본 특징이 아무리 변해도 사회나 노동시장 그 자체의 구조가 재조직되거나 여성들의 1차 노동시장으로의 진출이 증대되지 않는 한 여성의 지위는 변화될 수 없다고 본다(권정숙, 2000: 36). 즉, 노동시장에서 여성의 위치가 개선되지 않는 것은 성별에 따라 분화된 노동시장의 구조 때문이며, 이는 학력이나 능력과 상관없이 여성에 대한 체계적인 차별

경우에만 타인에게 개방되는 지위인 반면, 열린 지위란 어떤 시점에서든 지위를 점하고 있는 사람에 대한 교체가 이루어질 수 있는 체계이다.

이 존재한다는 것을 의미한다. 여성들이 노동시장에 들어가기 전에 이미 가지고 있는 배경요인들에 의해 노동시장에서의 성취기회가 구조적으로 차별화되어 있음을 제시하는 구조주의 접근은 본 연구에 많은 시사점을 준다. 특히, 분절노동시장론이 제기하는 '차별적인 기회구조'라는 개념은 제도적 사회자본에 의해 취업과정에서 접근할 수 있는 정보와 구직기회의 차별화된 현상을 설명할 수 있도록 도와준다.[8] 하지만 몇 가지 한계점을 지니고 있는 것도 사실이다.

첫째, 구조주의 접근은 모든 여성이 동일한 노동시장에 진입한다는 것을 전제하기 때문에 여성 집단 내 차이를 구별하지 못한다. 성별에 따라 남성은 1차 노동시장, 여성은 2차 노동시장이므로 대졸 여성 대다수가 2차 노동시장에 진입한다고 단정짓기에는 무리가 있다. 다시 말해 이 접근이 일반적으로 여성의 2차적, 탈숙련화된 노동성격을 설명하지만 대졸 여성이 노동시장에 진입하는 데 있어 부딪히는 특수성을 고려하지는 못한다. 예를 들어 파트타임에 종사하는 대졸 여성비율이 높아진다고 하더라도 파트타임의 모든 직종이 2차 노동시장에 존재한다고 볼 수는 없다.[9] 또한 대학서열이 뚜렷한 우리나라에서 하위권 대졸 여성이 직면하는 취업문제와 상위권 대졸 여성이 직면하는 취업문제는 다르다. 결국, 대학 졸업이라는 동일한 학력을 지니고 있어도 여성 개인의

---

8) 이러한 측면에서 사회자본론은 분단노동시장론이 제시하는 '기회구조(opportunity structure)'라는 개념과 유사한 특성을 지닌다. 기회구조란 인종·성·교육수준과 같은 몇 개의 기준에 의해 분단된 노동시장은 서로 다른 집단에게 차별적인 기회를 제공한다는 것을 드러내기 위해 제시된 개념이다.

9) 실제로 후기 산업사회에서는 기존의 시간과 일에 대한 지배적인 패러다임이 변화하고 있다. 전통적인 산업사회에서 노동은 개인의 사회적 정체성을 확립시켜 주는 유일한 매개체였다. 따라서 8시간 정규 노동이라는 확고한 틀에서 벗어난 비정규직은 비정상적이거나 열등한 것으로 인정되었다. 그렇기 때문에 임시직이나 비정규직에 종사하는 사람들은 일에서 얻는 즐거움과 자율성과는 상관없이 '8시간 규율 노동체제'에 들어가지 못한 것에 대한 위축감을 갖게 된다. 그러나 최근 정규직에 종사했던 사람들이 자발적으로 직장을 떠나 좀더 자율적인 시간을 확보하는 경우가 많아진 것도 사실이다(김현미, 2001).

사회경제적 위치에 따라 그들이 인식하는 노동시장의 환경은 매우 상이할 수 있는데, 구조주의 접근으로는 이러한 여성 집단 내 차이를 보지 못한다.

둘째, 구조주의 접근은 노동시장에 진입한 결과에 초점을 맞춤으로써 어떤 과정을 통해 여성들이 노동시장으로 진입하게 되고 특정 집단의 여성은 취업이 되는 반면 또 다른 집단은 취업을 못하는지를 분석하지 못한다. 왜냐하면 구조주의 접근에 기반을 둔 연구들은 노동시장 내 존재하는 성별 간 임금격차, 성별직종 분리에 관심을 갖고 있기 때문에 여성의 노동시장 진입 이전에 나타나는 사회적 불평등 현상을 설명하지 못한다.

요컨대, 개인주의와 구조주의 측면에서 접근한 연구들은 노동시장 내 성불평등을 설명하는 요인으로 노동시장 내부의 요인만을 고려하고 있을 뿐 노동시장 외부 요인 중의 하나인 제도로서의 대학교육이 성차별과 구체적으로 어떻게 연관되어 있는지를 설명해 내지 못한다. 대졸 여성의 낮은 취업률과 그 과정에서 경험하는 어려움의 원인은 사회구조의 성차별적 구조뿐만 아니라 학교환경에 의한 것일 수도 있다. 또한 이 두 접근에 기반을 둔 연구들은 노동시장을 구직자-고용주라는 양자 간의 관계에서만 파악하기 때문에 제 3의 요인이 개입되는 지점을 분석하지 못한다. 마지막으로 이 두 접근에 기반을 둔 연구들은 대졸 여성의 낮은 취업률에 대한 원인과 결과만 제시할 뿐 그 안에서 일어나는 구체적인 취업이행과정을 간과함으로써 여성 집단 내 존재하는 차이를 분석해 내지 못한다.

3) 사회자본에서의 접근

대졸 여성의 구직과정을 좀더 정교하게 분석하기 위해서는 구조와 개인, 생산과 재생산의 관계를 동시에 탐색할 수 있는 사회자본론에서 접근할 필요가 있다. 사회자본론은 개인적 배경 특성으로는 설명되지 않고 블랙박스나 행운으로 남겨 놓았던 부분을 해명함으로써 성차별의 재생산 과정을 좀더 확장시켰다. 사회자본론은 여성 개인의 배경과 노동시장 결과 사이에 사회자본이 매개자로서 개입한다는 사실을 구체적으로 제시함으로써 여성들의 취업과정을 미시적-거시적 관점에서 볼 수 있도록 한다. 하지만 이에 대한 연구는 아직 초기 단계로 많은 연구물이 축적되어 있지 않은 상황이며, 사회자본을 총체적으로 다루기보다는 사회적 관계망에 기반을 둔 대졸자의 취업과정을 설명하고 있을 뿐이다.

사회자본을 통해 대졸자의 취업과정을 분석한 대표적인 연구로 고등교육을 중심으로 학교에서 직업세계로의 이행과정을 연구한 장원섭 외(2000)의 연구를 들 수 있다. 장원섭과 그의 동료들은 대졸자의 첫 번째 직업지위획득과정에서 대학에서의 학업성취도나 부모의 사회경제적 지위는 제한된 설명력만을 제공한다고 지적하면서, 노동시장에서 구직자가 행하는 적극적인 구직행위와 사회적 관계망을 살펴보아야 한다고 주장한다. 대학생들의 노동시장 진입을 보다 총체적으로 접근하기 위해서는 구직활동을 시작한 시기, 그 활동의 강도, 다양한 구직방법의 활용이 노동시장에서 갖는 효과가 경험적으로 검증될 때 대학생의 취업이행과정이 제대로 설명될 수 있다고 말한다. 하지만 그의 연구는 사회자본의 한 측면으로서 사회적 관계망에만 초점을 맞춘 상태에서 이에 대한 자료조사를 다양한 구직방법-신문이나 잡지의 구인광고, 문서화된 지원, 기업의 직접방문, 개인적 접촉-중 하나의 하위변수로만 취급해 조사했다. 따라서 이 연구는 구체적으로 대졸자의 구직과정에서 나타나는 사회자본의 효과를 종합적으로 분석하지는 못하고 있다.

민무숙 외 연구(2002)는 제도적 사회자본이라는 용어를 직접적으로 사용하고 있지 않지만 대졸 여성의 취업이행과정에서 나타나는 문제점을 분석하면서 대학의 구직환경이 여성의 취업에 중요한 요인으로 자리

매김되고 있음을 지적한다. 대부분의 대졸 여성들이 대학의 체계적인 지원을 받아 노동시장에 진입하기보다는 개인적인 구직활동을 통해 진로를 개척하고 있는데, 이는 여학생들이 대학의 취업지원체제의 활용을 촉진할 수 있는 유인가가 적기 때문이라는 것이다. 이 연구는 대학이 여학생들의 취업에 적극적으로 개입할 것을 제안하고 있지만, 그 구체적인 방안이 취업정보센터의 활성화에만 국한되어 있어 대학 내에서 형성되는 사회자본 전체를 조망하기에는 무리가 있다.

여성 청년층 집단의 취업이행 실태와 정책과제를 분석한 김태홍·김종숙의 연구(2002)는 대졸 여성들의 취업이행과정에서 대학서열을 고려해야 한다는 단서를 제공해 준다는 점에서 본 연구에 많은 시사점을 주었다. 이 연구에서는 부분적으로 대졸 여성의 빈약한 개인적 관계망이 낮은 취업률의 원인이 되고 있음을 드러내면서 대학서열에 따라 취업이행과정이 달라진다고 제시한다. 취업이행과정에서 구직정보 획득경로는 인터넷과 언론매체가 가장 빈번한데 학교수준이 낮을수록 이러한 매체 의존도가 높다고 제시한다. 또한 여성은 남성보다 취업과정에서 사회적 관계망을 이용하는 비율이 상대적으로 낮다고 보고한다. 하지만 이 연구 역시 제도적 사회자본과 취업 간의 관련성을 구체적으로 언급하기보다는 구직경로라는 측면에서만 접근한다는 한계점이 있다.

요컨대, 이들 연구가 대졸 여성의 취업과 사회자본 간의 관련성을 파악할 수 있는 단서를 제공하지만 지나치게 구직정보의 획득 측면에서 관계망이나 취업정보센터의 활용에만 초점을 맞추고 있다. 따라서 대졸 여성의 취업과정에서 제도적 사회자본에 대한 전반적인 역할을 탐색하는 데에는 한계가 있다. 그러므로 본 연구는 미시적-거시적 관점을 통합하면서 대학교육을 통해 형성될 수 있는 제도적 사회자본이 대졸 여성의 열악한 노동시장 내 위치를 재생산하는 과정에 개입하고 있음을 드러내고자 한다.

2. 제도적 사회자본의 개념

1) 사회자본

사회자본이란 개념은 마르크스주의에서 생산수단이라고 명명되는 전통적 의미의 자본 개념을 확대시킨 개념이다. 일반적으로 자본이란 이익 자체를 동일한 정도나 혹은 확대된 형태로 재생산할 수 있는 잠재력을 의미한다. 확대된 의미의 자본개념은 기존의 계급 중심적 관점에서 바라본 시각을 전환할 것을 요구한다. 즉, 자본이 부르주아 계급에 의해서만 투자되고 발생되는 것이 아니라 어디에 있는 행위자이든 자신의 이익 창출을 위해 투자하고 생성시킬 수 있는 것이다(Lin, 2000: 786). 이러한 의미에서 확장된 형태의 자본은 반드시 물리적 형태로 존재하지 않지만 사회적 관계에서 나타나는 다양한 불평등을 만들어내는 역할을 한다. 사회자본의 개념은 바로 이렇게 확장된 의미의 자본 개념 안에 자리 매김된다. 사회자본은 특정 집단에게만 소유된 것이 아니라, 모든 행위자들에 의해 소유되고 활용될 수 있는 자원으로 그것의 양과 질에 따라 사회적 불평등이 유발된다.

사회자본의 기원은 19세기 고전 사회학에 뿌리를 두고 있지만 현재와 같이 활발한 연구대상으로 부각된 계기는 Bourdieu(1986)와 Coleman(1988b)에 의해 마련되었다. Bourdieu는 계급불평등이라는 자본주의 사회모순이 지속되는 이유를 설명하기 위해 사회자본 개념을 도입했다. 그는 사회자본이 제도화되었건, 제도화되지 않았건 상호면식이 있어 알고 지내는 사이에 지속적으로 존재하는 관계의 연결망을 통해 얻을 수 있는 실제적이고 잠재적인 자원의 총합이라고 정의하면서 이 개념을 도구적으로 취급하였다(Bourdieu, 1986: 248-249, Portes, 1998: 2). 자본주의 사회의 부르주아 계급은 경제자본의 축적만이 아니라 경제자본으로 언제든지 전환될 수 있지만, 구체적인 모습을 명확히 드러내지 않는 사회자본과 같은 은폐된 형태의 자본을 축적하여 불평등을 재생산하고 있다. 사회자본은 재생산이 존재하는 관계, 명예와 위세에 대한 자본 즉, 보다 포괄적인 사회적 관계 속에서 각 개인이 갖고 있는 관계망과 집단 소속이 해당 당사자에게 주는 다양한 사회적 기회 자원을 총칭한다고 하겠다(김상준, 2004: 69).

한편, Coleman은 계급론적 시각에서 본 Bourdieu와 달리 사회구조의 개념을 합리적 행위자와 양립시키려는 시도 아래 사회자본을 개념화했다.[10] Coleman은 사회자본이 구성원들 간의 관계 구조 속에 존재하는 것으로 보고 특정 행위를 촉진하는 관계망을 사회자본으로 개념화했다(이정선, 2001a). 즉, Coleman이 사용하는 사회자본은 생산적이되 사람들간의 관계를 변화시킴으로써 생성되는 자본이다. 사회자본을 가진 사람은 사회자본이 없을 때에는 하지 못했던 새로운 활동을 가능하게 하고 새로운 목표를 성취할 수 있기 때문이다(Coleman, 1988b).

Bourdieu와 Coleman이 전개하는 이론적 지형은 다르지만 사회자본이 행위자들 간의 관계에 내재하고 있는 자본이라는 점에는 이견이 없다. 사회자본은 경제자본, 인적자본, 문화자본처럼 행위자 개인이 직접적으로 소유하고 있는 자본이 아니라, 둘 이상 행위자들의 사회적 관계 속에서 활용될 수 있는 잠재적 혹은 실제적 자본의 총합이라고 할 수 있다.

사회자본이 자신이 필요로 하는 자본을 행위자 개인과 관계를 맺고

---

10) Coleman은 자본을 물적자본, 인간자본, 사회자본으로 구분하고 물적자본은 도구, 기계 혹은 다른 생산설비와 같이 실체화된 자본이며 이는 생산을 촉진하는 도구를 형성하기 위해 물질을 변경함으로써 생성된다. 인간자본은 사람들로 하여금 새로운 방법으로 행위할 수 있도록 하는 능력과 기능을 부여하기 위해 사람을 변경시킴으로써 생성되는 자본이다. 반면 사회자본은 행위를 촉진시키는 방법으로 사람들간의 관계를 변화시킴으로써 생성되는 자본이다.

있는 다른 사람을 통해 획득 가능한 자본이라는 점에서 사회자본은 '관계'와 '구조'에 의해 구성된다(유석춘 외, 2003: 31). '관계'에 의해 사회자본이 구성된다는 것은 행위자들 간의 상호면식을 통해 자본이 만들어진다는 것으로 상대방이 갖고 있는 자본을 내 것으로 활용할 수 있다는 것이다. Bourdieu에 의하면 사람들은 자신이 맺는 관계가 잠재적으로 가져다줄 수 있는 혜택이 무엇인가를 생각하며 사회적 관계를 맺는다. 특정 행위자가 누릴 수 있는 사회자본의 양은 자신이 동원할 수 있는 관계망의 규모와 그 관계망에 포함된 여러 개인이 소유한 경제 및 문화자본의 크기에 달려 있다(Portes, 1998). 따라서 관계망의 크기가 크고 그 관계망에 소속된 사람들의 사회경제적 지위가 높을수록, 각 개인이 그 관계에 포함되지 않은 타인에 대해 가질 수 있는 경쟁적 우위는 커지게 된다(정재기, 1997).

다른 한편, Bourdieu가 정의한 바와 같이 사회자본은 사회구조 안에서 형성된다는 점에서 특정 행위자가 처해있는 사회구조적 환경이 어떠냐에 따라 사회자본의 양과 질은 달라진다. 가령, 사회경제적 지위가 높은 사람과 그렇지 않은 사람, 남성과 여성, 도시에 거주하는 사람과 지방에 거주하는 사람들이 형성할 수 있는 사회자본은 동일하지 않다. 왜냐하면 이들 집단이 처하고 있는 사회구조적 환경이 상이하기 때문이다. 그러므로 각 개인이나 집단이 처한 사회문화적 맥락을 간과한 채 사회자본이 보편적으로 구성된다고 말할 수 없다. 이러한 측면에서 구조는 사회자본이 구성되는 기본적인 바탕이 되는 동시에 각 개인이 형성할 수 있는 사회자본의 양과 질을 제약하는 이중적 성격을 지닌다.

관계와 구조의 맥락에서 구성되는 사회자본은 '이익 공유의 배타성'과 '비지속성'이라는 특성을 지닌다. '이익 공유의 배타성'이란 사회자본을 통해 관계를 맺고 있는 구성원 사이에서만 이익이 배타적으로 공유된다는 것을 의미한다. Coleman(1988b)은 이에 대한 적절한 예로 뉴욕의 다이아몬드 상인들을 언급하는데, 상인들끼리 구축한 신용은 그들이 일하고 있는 보석상가의 평가를 전체적으로 끌어올려 다른 상가와의 경쟁에서 유리한 위치를 차지했다. 이러한 이익은 다이아몬드 상인들이 특정 관계망을 구성함으로써 이전에는 할 수 없었던 새로운 이익을 창출한 것이지만, 관계망 안에 포함되지 않은 상인들은 배제함으로써 나타난 이익이라는 점은 분명하다. 우리사회의 학연, 지연을 기반으로 하는 사회자본의 유형들도 이러한 특성을 지닌다고 볼 수 있다. 특정 학교나 지역을 중심으로 형성된 사회적 관계는 그 구성원들에게는 사회적 후원, 신뢰 등을 통해 생산적으로 작용하지만 다른 집단의 구성원들을 배제함으로써 이익을 독점하는 것도 사실이다.

다음으로 '비지속성'이란 사회자본을 유지하기 위해서는 지속적인 노력이 필요하다는 것을 의미한다. 사회자본이 일단 획득되었다 하더라도 그것이 앞으로도 변함없이 유지된다는 보장이 없다. 가령, 누군가가 특정한 대학에 입학했다고 해서 그 대학이 갖고 있는 사회자본의 혜택을 저절로 얻을 수 있는 것은 아니다. 서로의 관계를 끊임없이 확인할 수 있는 동창회, 동아리, 각종 활동에 참여하는 등 구성원들 간의 일련의 지속적인 교환과정을 거쳐야 한다. 이처럼 사회자본이 형성, 유지되고 그것이 계속해서 도구적으로 활용되기 위해서는 시간과 에너지 그리고 직접적으로든 간접적으로든 경제자본의 지출이 필요하다(Portes, 1998: 4). 이때 행위자가 투자할 수 있는 시간, 노력, 경제적 자본은 그 개인의 행위자가 처한 사회구조적 상황에 따라 다르다. 예를 들어, 기혼여성이 기혼남성과 다르게 사회자본을 유지하고 그것을 활용하기 힘든 것도 이러한 사회자본의 특성에서 비롯된 것이다. 결혼, 양육으로 인해 여성들은 그들의 사회적 관계를 유지하기 위해 투자하는 시간, 돈, 노력은 남성과 차이가 날 수밖에 없다. 이러한 측면에서 사회자본은 의식적이거나 무의식적으로 사회관계를 수립하거나 재생산하려는 개인이나 집단 투자의 산물로 개인의 사회경제자본의 수준이나 성별에 따라 불평등하게 분포되어 있다. 따라서 사회자본은 경제자본의 획득과 결합되어 나

타나는 행위자들 간의 불평등한 사회적 관계를 정교하게 위장하고 은폐
하는 역할을 한다(Bourdieu, 1986: 254).

이러한 특성을 지닌 사회자본은 사회의 구조적 불평등이 유지, 재생
산되는 장치인 동시에 사회적 불평등을 극복할 수 있는 수단이라는 이
중적 역할을 수행한다. 사회자본은 권력과 불평등의 문제를 설명할 수
있는 단서를 제시한다. 계층·성별에 따른 사회적 불평등은 사회자본의
불평등한 배분으로 인한 차별화된 기회접근을 통해 정교하게 재생산된
다. Bourdieu는 집단 간의 차별화된 기회접근의 논리를 제공했지만 이
를 실증적으로 검증하지는 못했다. 이러한 점에서 여성과 소수인종의 불
평등을 연구한 Loury(1977)의 실증적 연구는 중요한 의미를 준다. 그는
인종 간의 수입 불평등을 설명하기 위해 사회자본이라는 개념을 사용한
다. 정통 경제학이론은 인간자본과 그러한 기술에 기반을 둔 경쟁에 배
타적으로 초점을 맞추면서 고용주의 인종적 기호를 제한하고 평등한 기
회를 부여하는 프로그램을 실행하면 인종불평등이 감소될 것이라고 보
지만 이는 지나치게 개인주의적이다. 그는 정통 경제학자들과 달리 인
종불평등이 두 가지 이유로 영원히 지속될 수밖에 없다고 주장한다. 일
단, 흑인부모로부터 상속된 가난은 낮은 물질적 자원과 교육기회의 전
달을 통해 재생산된다. 다음으로 젊은 흑인 노동자들은 빈약한 관계망
으로 인해 노동시장과 연결되기 어렵고 구직정보를 습득할 기회로부터
차단되어 있기 때문에 부모의 사회경제적 지위가 그다음 세대까지 재생
산될 확률이 높다(Portes, 1998).

다른 한편, 사회자본이 차별화된 기회접근을 통해 사회적 불평등을
재생산하는 측면이 있지만 사회자본을 가진 사람은 사회자본이 없을 때
하지 못했던 새로운 활동을 가능하게 하고 새로운 목표를 성취할 수 있
다는 측면에서 생산적이다.[11] 비록 내가 가지고 있지는 못하지만 특정

---

11) 사회자본이라는 개념에서 확인된 기능은 행위자가 자신의 이해관계를 달성하기 위해
　　이용할 수 있는 사회구조의 특정 측면이 지니는 가치를 의미한다(유석춘 외, 2003: 97).

관계망의 구성원이 됨으로서 다른 사람이나 제도가 갖고 있는 자본을
활용할 수 있기 때문에 그것이 없었더라면 성취하지 못했을 어떤 목적
을 달성할 수 있게 된다(Coleman, 1988b).

이러한 측면에서 Portes(1998)는 사회자본이 세 가지 생산적 기능을
갖는다고 언급한다. 관계망을 통한 후원적 기능, 사회통제의 기능 그리
고 가족후원의 기능이 그것이다.12) 사회통제의 기능은 긴밀한 공동체
연결망에 의해 공식적 또는 과도한 규칙들이 불필요해 진다는 것이다.
가족후원 기능은 가족 구성원들 간의 친밀한 관계는 아이들의 교육과
인성발달에 긍정적으로 작용한다는 것이다. 마지막으로 사회자본의 가
장 일반적 기능으로 관계망의 후원적 기능은 관계망에 소속된 구성원들
에게 혜택을 제공하는 것이다.13) 이 기능은 직업의 사다리를 통한 고용
및 사회이동에서 활용될 수 있다. 이러한 사회자본의 생산적 측면은 한
편으로 불평등한 사회현실에 대한 새로운 대안이 될 가능성을 지니고
있음을 의미한다(이재열, 1998). 물론 사회자본이 갖고 있는 폐쇄적이고

하지만 기능적 측면에서 사회자본을 개념화할 때 사회자본 그 자체와 사회자본을 통해
얻을 수 있는 능력을 혼동하는 오류를 범할 수 있다(Portes, 1998: 4-5).

12) 사회자본의 후원적 기능은 위스콘신 모형에서 사회심리적 변수로 간주한 의미 있는
타인의 기대 및 후원과 혼동될 수 있다. 이는 사회자본이 실체가 분명한 개념이 아
니라는 데서 유래한다고 볼 수 있다. Portes(1998)에 의하면 사회자본은 때로는 동료
들 간에 존재하는 신뢰와 같이 심리적 현상을 지칭할 때도 있고, 때로는 공동체 구
성원들 사이에 존재하는 연대의식과 같은 사회성(sociability)이나 결사체 등에 자발
적으로 참여하는 시민의식과 같은 정치문화를 일컫기도 한다. 이처럼 사회자본은 정
치적, 경제적, 사회적으로 다양한 영역에 걸쳐 있는 개념인 동시에 또한 문화적 동
기와 제도적 수단의 차원 모두를 포함하는 개념이다. 이러한 개념적 특성은 사회자
본이 갖고 있는 효과의 측면에서도 분명히 나타난다. 사회자본은 지위획득과 유지라
는 도구적 수단으로써의 효과뿐만 아니라, 동질적인 사회적 관계망을 통해 그 구성
원들에게 사회심리적 후원을 제공하기도 한다. 하지만 위스콘신 모형에서의 사회심
리적 변수와 사회자본이 명확히 구분되는 것은 사회자본은 집단에 따라 후원의 효
과가 달라진다는 것을 전제한다는 것이다.

13) 관계망의 후원적 기능과 가족후원 기능은 Bourdieu의 사회자본, 문화자본의 정의와
밀접하게 관련이 있다. Bourdieu는 사회자본이 관계망에서 멤버십을 통해 획득된 자
원인 반면 아이들의 발달에 대한 가족후원 기능은 문화자본의 역할이라고 보았다
(Portes, 1998: 11).

배타적인 특성을 넘어설 수 있는 사회적 협력과 유대를 가능케 하는 제도적 기반을 찾아야 한다는 전제조건이 있다.[14]

2) 제도적 사회자본

사회자본을 구분하는 방식은 학자마다 다른데, 취업과정에서 동원되는 사회자본은 개인적 사회자본(personal social capital)과 제도적 사회자본(institutional social capital)으로 구분할 수 있다. 이러한 구분은 시장모형에 기반을 둔 미국 청소년들의 노동시장 진입과정과는 다른 차별적 특성을 보이는 일본이나 한국 청소년들의 직업획득과정을 분석한 연구들에서 주로 활용되고 있다(Rosenbaum & Kariya, 1989; Lee & Brinton, 1996; Brinton & Kariya, 1998).[15]

개인적 사회자본이 부모, 형제, 친인척 등 비공식적인 개인적 관계망에 기반을 두고 얻을 수 있는 자본이라면 제도적 사회자본은 제도화된 기관들 간의 관계를 기반으로 행위자가 특정 제도에 소속됨으로서 얻을 수 있는 자본을 의미한다. 이때 '제도적'이란 개인 행위자가 얻을 수 있

---

14) 우리의 역사적 전통에서 사회자본의 질적 구성을 향상시킬 가능성을 엿볼 수 있다. 유교와 불교가 '관계맺기'의 철학이기 때문이며, 혈연·지연과 같은 전통적 연고에 기초한 집단의 경계가 그렇게 폐쇄적이지 않다는 연구결과들에 기반을 둔다. 연고는 서로를 묶어주는 강한 연대(폐쇄성)와 서로에 다리를 놓아주는 약한 연대(개방성)를 동시에 오갈 수 있는 고무줄과 같이 매우 유연한 사회구성의 원리이기 때문이다(유석춘 외, 2003: 50-51).

15) 일반적으로 미국과 같은 자유주의 시장모형에서는 청년과 직장 간의 연결에 있어 시장을 신뢰하고 제도를 불신한다. 학교와 같은 제도가 개입될수록 청년들의 취업이행과정이 왜곡될 수 있다고 본다. 하지만 일본 청소년들의 취업이행과정을 보면 학교가 개입함으로써 낮은 실업률, 이직률, 짧은 이행기간이라는 특성을 지녀 시장모형이 갖고 있는 문제점이 드러나지 않는다. 이러한 측면에서 학교와 같은 제도의 개입이 시장모형의 문제점을 보완할 수 있다는 주장이 제기됨으로써 청소년들의 취업이행과정에서 제도적 사회자본의 역할에 주목하기 시작했다.

는 자본이 특정한 제도가 갖고 있는 자원에 기반을 두고 있기 때문에 명명된 것이다. 따라서 제도적 사회자본은 "네가 누구를 알고 있는가"가 아니라 "네가 알고 있는 그 사람을 어떻게 알게 되었는가"라는 점에 초점을 맞춘다(Brinton & Kariya, 1998: 183). 즉, 학교나 직업훈련기관 등 개인이 참여한 조직에 의해서 직무탐색이 이루어졌고 그 제도 안에서 알게 된 사람들로부터 도움을 받았다면 그것은 제도적 사회자본에 영향을 받았다고 볼 수 있다. 그러므로 본 연구에서 분석틀로 사용하고 있는 제도적 사회자본이란 행위자 개인이 특정 대학에 소속됨으로서 그 대학의 구조적 특성과 그 제도에 속해 있는 사람들 간의 관계를 통해 얻을 수 있는 실제적, 잠재적 자원의 총합을 의미한다.

제도적 사회자본은 대학을 기반으로 맺을 수 있는 사회적 관계와 대학구조를 통해 구성된다. 1차적으로 제도적 사회자본은 학교를 기반으로 맺어지는 사회적 관계(school-based social network)에 의해 구성된다고 볼 수 있는데 이는 교수, 학교취업센터 직원, 선후배 등 행위자가 소속된 대학구성원들과의 상호면식을 통해 자본이 만들어지며 상대방이 갖고 있는 자본을 내 것으로 활용할 수 있다는 것을 의미한다. 이처럼 학교를 기반으로 맺어지는 사회적 관계망의 형태를 띤다는 점에서 제도적 사회자본은 실제적 자원이라고 할 수 있다. 다른 한편, 제도적 사회자본은 행위자가 소속된 대학의 구조적 특성에 의해 구성된다. 대학의 구조적 특성은 그 대학의 건학 이념, 교육목적, 학교규칙 및 규범, 구성원들 간의 신뢰, 행정조직 등 다양한 방식으로 나타난다. 하지만 본 연구는 취업이라는 행위를 통해서 드러나는 대학 내 제도적 사회자본에 초점을 맞추고 있는 관계로 취업과 관련된 대학의 구조적 특성으로 한정짓고자 한다. 따라서 이때 드러날 수 있는 대학의 구조는 구성원들의 취업을 지원하는 구직환경이라고 할 수 있다. 가령, 대학과 기업과의 연계 정도, 다양한 활동을 보장해 주는 여건과 분위기, 취업센터의 활성화 정도이다. 결국, 대학이 구직환경을 어떻게 마련하고 있느냐에 따라 행위자들이 형성하고 활용할 수 있는 사회자본의 양과 질은 달라진다.

대학 내의 사회적 관계와 구조의 맥락에서 구성되는 제도적 사회자본은 사회자본의 일반적 특성인 이익 공유의 배타성과 비지속성 역시 갖고 있다. 제도적 사회자본을 통해 형성할 수 있는 후원적, 도구적 이익은 특정 대학의 구성원들에게만 돌아감으로써 다른 대학 출신들은 제외되지만 그 대학의 구성원들에게는 차별화된 기회를 제공한다는 점에서 이익 공유의 배타성이 드러난다. 또한 사회자본의 비지속성으로 인해 특정 대학에 소속되었다고 해서 그 대학의 사회자본을 그대로 내 것으로 만들었다고 볼 수 없다.

사회적 관계를 유지하기 위한 투자의 형태로 나타나는 구체적인 활동 참여는 특정 대학의 구직환경과 개인의 사회구조적 위치와 밀접하게 관련되어 있다. 가령, 그 대학의 구성원들로 하여금 사회적 관계를 유지하고 그것에 대한 노력을 유도할 수 있는 구조가 마련되어 있지 않다면 특정 대학의 구성원들이 형성하고 활용할 수 있는 사회자본의 양과 질은 매우 제한적일 수밖에 없다. 또한 동일한 대학에 소속되어 있어도 여성과 남성이 처해있는 구조적 환경이 다르다면 그것을 형성하고 활용하는 자본의 양과 질은 달라질 수밖에 없다. 예를 들어 대학의 구조적 환경이 성차별적 요인들에 의해 구성되어 있다면 여학생과 남학생이 제도적 사회자본에 접근할 수 있는 기회와 그것의 활용 결과는 다르게 나타날 것이다. 만약, 그렇지 않다면 여성 구직자에게 새로운 활동과 목표 성취를 가능하게 하는 생산적 의미를 지닐 것이다.

이러한 측면에서 제도적 사회자본은 취업과정에서 나타나는 사회적 불평등을 유지, 재생산하는 기제인 동시에 개인의 사회구조적 위치를 넘어설 수 있는 도구적 수단이 될 수 있다. 대학이 사회자본의 저장고로서 역할을 한다면 이것은 행위자 개인이 그들 자신의 가족들, 친구들 그리고 아는 사람에 의해 제공된 정보나 영향력을 통해서 얻을 수 없었던 기회들을 그들에게 제공할 수 있기 때문이다.

3. 구직과정에서 제도적 사회자본의 작동방식

구직과정에서 제도적 사회자본의 작동방식을 파악하기 위해서는 세 가지 측면이 논의되어야 한다. 우선, 구직과정에서 제도적 사회자본이 개입되는 사회적 맥락은 무엇인지에 관한 논의와 어떤 특성을 지닌 사회적 관계망이 실질적으로 구직에 유용한지를 살펴보아야 한다. 마지막으로 구직과정에서 대학 내 사회자본을 형성하는 데 영향을 미치는 교육적 요인들을 탐색해야 할 것이다.

1) 제도적 사회자본의 작동방식

구직과정에서 제도적 사회자본에 대한 논의는 어떻게 개인들이 학교제도를 통해 일자리를 얻게 되는가를 밝혀 줄 뿐만 아니라 노동시장이 작동되는 방식을 좀더 역동적으로 바라볼 수 있게 해 준다. 또한 시장의 논리와 상관없는 제도의 개입이나 사회적 교환이 존재하는 장으로서 노동시장을 역동적으로 바라볼 수 있게 한다. 따라서 구직과정에는 개인의 능력이나 직업준비도 중요하지만 취업정보나 실질적인 영향력을 행사하는 취업선배들과의 관계, 대학의 구직환경 등과 같은 사회자본 역시 중요하다. 이와 같이 구직과정에서 대학의 취업정보센터나 대학의 구직환경, 대학동창에 대한 의존은 학교제도가 구직자와 고용주를 연결할 때 의미 있는 역할을 한다는 것을 나타낸다.

　제도적 사회자본은 대졸 여성의 구직과정에서 세 가지 방식을 통해 작동한다. 첫째, 대학 내에서 형성된 사회적 관계망을 통해 정보 제공과 후원을 제공한다. 소위 명문대학들은 학교와 기업 인사담당자들과의 관계를 통해 대기업에 지원하는 학생들에게 양질의 정보를 제공하거나 특정 대학 출신자라는 권위의 후광을 제공해 취업 가능성을 높여 준다. 또한 사회에 진출한 동문들과의 연계를 통해서 각종 후원을 제공한다. 이처럼 개인의 평판이나 귀속적인 특성과는 상관없이 공식적으로 제도나 조직의 구성원들이 "특정 행위자는 신뢰할 만하다"고 보장해 주는 것이다. Rosenbaum & Kariya(1989)는 일본이 상대적으로 낮은 청년 실업률을 유지하는 것은 학교추천제와 같은 학교-기업 간의 연계 때문이라고 분석하였다. 고등학교의 취업센터를 통해 취업정보가 제공되고 구직자와 고용주가 연결된다. 이것은 가족구성원이나 비대학친구들과의 사회적 연결로부터 얻을 수 있는 이점과 다른 것이다.

　둘째, 대학은 자신들이 구축해 놓은 구직지원체제를 통해 학생들에게 실질적인 정보와 후원을 제공한다. 대학들은 구직과정에서 활용할 수 있는 자료와 시설 그리고 직업탐색을 위한 교육과정 구성과 같은 제반 환경을 조성함으로써 잠재적 자원을 제공한다. 이러한 취업과 관련된 제반 환경은 학생들의 의지에 따라 이용될 수도 있고, 그렇지 않을 수도 있는 잠재적 자원의 성격을 지니지만 언제든지 활용될 수 있는 실제적 자원으로 전환이 가능하다.

　셋째, 대학은 각종 활동에의 참여를 장려함으로써 학생들이 사회적 관계를 형성 유지할 수 있도록 도와준다. 사회자본의 비지속적 특성으로 인해 사회자본이 실질적인 자본으로서 기능하기 위해서는 대학을 기반으로 맺어진 사람들과 끊임없는 상호작용을 해야 한다. 이를 위해서는 동아리·학생회·동창회·인턴쉽 활동·각종 직업탐색 활동과 같은 제도에 참여하는 등 시간·노력 그리고 일정 정도의 경제자본을 투자해야 한다. 이러한 활동의 일부분은 학생들의 자발적 의지에 의해 구성되기도 하지만 대학 제도 역시 학생들이 각종 활동에 참여할 수 있도록 모임을 만들어내고 참여를 유도할 경우에 그 효과는 매우 커진다. 따라서 대학은 구성원들이 이러한 활동에 참여할 수 있도록 유인가를 만들어 내고 이를 통해 대학 구성원들 간의 관계를 돈독히 함으로써 사회적 관계망이 실질적인 자본으로서의 기능을 하도록 만든다.

결국, 각 개인의 취업결과는 대학의 구직지원체제와 다양한 활동 참여를 통해 대학 내에서 형성되는 학교-기업 간의 연계, 취업선배와의 관계, 학교취업센터나 교수와의 관계, 대학의 사회적 인지도[16]와 같은 제도적 맥락으로부터 영향을 받은 결과이다. 따라서 특정 대학의 구성원이 됨으로써 얻을 수 있는 제도적 사회자본이 어느 정도이냐 그리고 그것이 어떤 구조적 환경 아래에서 작동하느냐에 따라 개인의 취업여부는 달라진다고 하겠다.

그렇다면 왜 구직과정에서 제도적 사회자본에 주목해야 될까? 다시 말해 구직과정에서 왜 대학이 사회자본의 저장고로서 구직자의 취업과정에 개입하게 되었을까?

우선, 대졸자들은 개인적 관계망을 통한 정보접근의 제한으로 인해 제도적 사회자본에 의존할 수밖에 없다. 직장 경험이 없는 대졸자들은 직장동료들과의 접촉을 통한 관계망을 갖고 있지 못하는 등 개인적 관계망의 크기와 폭에 있어서 대단히 제한적이다. 때문에 더 나은 정보와 구직기회를 얻기 위해 대학에서 제공하는 정보들에 주목하게 된다. 그러므로 노동시장에서 집단 간 차이를 설명하기 위해서는 대학에서 취업기회나 정보를 제공하는 제도적 행위자들(institutional agents) 가령, 취업정보센터 직원, 교수, 대학동창과의 관계를 고려할 필요가 있다.[17]

---

16) 대학의 사회적 인지도는 제도적 맥락을 지니고 있으나, 다른 한편으로는 학벌이라는 인적 속성을 동시에 내포하고 있다는 점에서 흥미로운 변수이다.
17) 대학을 통해 알게 된 동창들로부터 구직정보의 자원을 얻는다면 그들 역시 제도적

다음으로, 대학이 제도적 사회자본을 통해 구직과정에 영향을 미치는 것은 기업의 신입사원 모집관행과 관련이 있다. 우리나라의 경우 기업이 대학과의 제도적 관계를 통해 사원을 모집하는 경우가 많은데, 이는 기업입장에서 대학이 구직과정에 개입할 경우 몇 가지 이익을 얻을 수 있기 때문이다. 기업들은 일정 정도 대학별 추천제나 특채를 통해 사원을 선발하는데, 이는 최소 비용으로 우수한 인재를 확보할 수 있게 된다. 신입사원 한 명을 뽑기 위해서 적어도 500만 원에서 1천만 원 이상이 소요되기 때문에 비용 절감을 위해 기업들은 20~60%까지 추천을 통한 특채로 신입사원을 선발하고 있다(김지영, 2000: 33). 또한 특정 대학을 통해 신입사원을 모집할 경우, 지원자의 수준이 학교의 취업정보센터에 의해 어느 정도 보장이 되기 때문에 경쟁력 있는 사원을 확보할 수 있다(Finneran & Kelly, 2003: 282-283). 졸업생의 활발한 사회 진출이 대학의 성공을 결정짓는 요인 중에 하나인 이상 대학은 기업의 요구에 민감할 수밖에 없다. 따라서 각 대학의 취업정보센터는 특정 기업이 요구하는 인력의 특성에 맞게 학생들을 1차적으로 선발한 후 이 중 가장 취업 가능성이 높은 학생들에게만 취업원서를 배부한다. 이러한 고용절차는 기업들로 하여금 신규 사원에 대한 모니터링 비용을 줄이게 할 뿐만 아니라 경쟁력 있는 우수 인력을 채용할 수 있게 한다. 나아가 기업이 특정 대학들을 중심으로 신입사원을 모집할 경우 사원들 간의 유대관계 형성이 용이해져 이직률을 감소시키고 업무의 효율성을 높일 수 있다. 동일한 학교를 졸업한 사람들은 동일한 학교문화를 공유하고 있어서 사원들 간의 동료의식이 자연스럽게 생기고 학교선배가 후배의 멘토 역할을 자진해서 할 수 있도록 만들어 준다(Brinton, 2000: 298-299; 황순희, 1993: 160).

한편, 기업들이 상위권 대학을 중심으로 취업기회나 정보를 차별적

행위자가 될 수 있다(Stanton-Salazar & Donbush, 1995: 116).

으로 제공하기 때문에 제도적 사회자본에 주목해야 한다. 대학의 위계적 서열화는 노동시장 진입 시스템이 작동하는 중요한 요인이 된다. 대학이 입학점수에 의해 서열화되어 있는 상황은 그 대학 구성원들의 질을 균등하게 만들어 주는 요인이 된다. 기업들이 대학입학 이후 경험하는 교육경험 이외에 입학 당시의 인적자본을 중시하는 이유가 여기에 있다.

그렇다면 대학이 제도적 사회자본의 저장고로서의 역할을 담당하게 만드는 사회적 맥락은 무엇인가? 대학평가, 고등교육의 대중화는 대학이 제도적 사회자본의 저장고로서의 역할을 담당하게 만드는 사회적 기제이다. IMF 이후 계속되는 경기불황과 5·31 교육개혁 이후 대학의 이미지에 가장 큰 역할을 하는 것이 졸업생들의 취업률이다. 특히, 대학교육협의회, 신문사에서 시행하는 대학평가의 기준의 하나가 졸업생들의 취업률이다. 따라서 각 대학들은 졸업생들의 취업률을 높이기 위해 대학의 구조를 변화시키고 있는 것은 사실이다. 한편, 2006년 현재 우리나라는 고등학교 졸업생의 80% 정도(남성: 82.9%, 여성: 81.1%)가 대학에 진학함으로써 고등교육의 대중화 단계에 진입하였다(여성통계, 2006). 이러한 고등교육의 대중화로 인해 학생들의 동기, 기대, 욕구가 다양해짐에 따라 소수 엘리트를 중심으로 한 학문중심교육은 한계에 직면할 수밖에 없다. 또한 2003년 이후에는 대학정원에 비해 입학학생이 절대적으로 부족한 상황이 전개되고 있다. 이 때문에 모집정원을 채우지 못하는 대학들이 속출하고 있는 상황에서 우수한 학생을 유치하려는 대학 간의 경쟁은 치열해지고 있다. 그런데 대학 간 경쟁에서 결정적 역할을 하는 것 중의 하나가 졸업생들의 취업률이기 때문에 각 대학들은 취업률을 향상시키고자 노력할 수밖에 없다. 결국, 대학의 생존 전략으로써 대학은 연구 기능뿐만 아니라 직업세계에 적응하기 위한 전문인을 양성하는 기능을 담당하고 있다.

2) 제도적 사회자본으로서 사회적 관계망의 구성적 특성

제도적 사회자본이 일정 부분 사회적 관계망 형태로 작동된다고 할 때 특정 개인이 확보할 수 있는 사회자본은 그 개인이 동원할 수 있는 관계망의 크기나 관계망의 구조적 특성에 의해 결정된다. 따라서 어떤 특성을 지닌 관계망이 취업과정에서 도구적으로 활용될 가능성이 높은가를 탐색해야 할 것이다. 이러한 탐색은 대졸 여성들이 다른 집단의 사람들보다 왜 취업과정에서 사회자본 동원 측면에서 불리한 위치를 차지하게 되는지를 설명할 수 있는 근거를 제공해 준다.

노동시장에서 개인의 성공을 분석하는 이론가들은 사회적 관계의 연결방식을 관계의 강도에 따라 '강한 연결'과 '약한 연결'로 구분한다. 연결강도는 관계를 특징짓는 만남의 빈도, 관계의 지속성, 감정적 친밀도, 상호교환 정도 등의 선형적 조합으로 측정된다(Granovetter, 1974, 1982). 따라서 강한 연결은 집단 내의 사회적 상호작용으로 나와 비슷한 처지 또는 속성을 가진 다른 사람에 대한 애정을 의미한다. 약한 연결은 임의적 집단 간의 상호작용 또는 제 3자와의 강한 연결을 매개로 한 간접적 상호작용으로 자신과는 다른 특성을 가진 사람에 대해 호의적인 태도를 가지는 경우이다. 따라서 개인들 사이의 연결강도가 강할수록 그 관계망의 구성원들은 서로 비슷한 특성을 갖게 되고 그 범위도 좁아진다(장원섭, 1997).

이러한 연결강도는 사회자본의 동원 크기와 질적 차이를 야기한다. 약한 연결은 강한 연결에 비해 더 많은 사회자본에 접근하도록 한다. 이러한 주장은 Granovetter의 '약한 연결의 장점 가설(the strength of weak ties hypothesis)'과 Lin의 '위세가설(prestige hypothesis)'를 통해 구체화되었다.18)

---

18) 약한 연결 장점 가설은 Heider(1958)의 the interpersonal attraction of balance theory 에 기반하고 있다. 이 이론의 기본 논리는 강한 연결은 유사한 개인들을 연결시키고

약한 연결의 장점 가설의 핵심은 사회 행위자들의 기회는 다른 행위자들과의 관계에 의해 제약되는데, 약한 연결은 한 개인이 소속된 폐쇄적 집단으로서의 파당을 넘어서 관계망 범위의 확장을 가져오기 때문에 다양한 정보 획득의 기회를 가져올 수 있다는 것이다. 인간은 몇몇 사람과 강도 높은 접촉을 하는 것보다 약한 연결을 맺는 것이 관계 전체의 범위를 넓히는 효과를 가져온다. 관계망의 범위나 규모가 큰 사람이 작은 사람보다 정보나 영향력을 획득할 수 있는 선택의 기회를 갖는다. 즉, 약한 연결은 한 개인이 자신과 다른 속성을 가진 사람들과 사회적으로 교섭할 수 있게 함으로써 자신의 사회적 환경에서 이용할 수 없는 정보와 자원에 접근하도록 하기 때문에 사회적 경계를 넘어서는 '가교(bridge)' 역할을 한다(Granovetter, 1982).

이러한 논리는 Lin의 위세가설에 의해 더욱 정교해진다. 약한 연결에 첨가되어 있는 자원의 속성을 강조하면서 관계망을 한 개인에게 직접적, 간접적으로 연결된 사람들의 부(wealth) · 위세(prestige) · 권력(power) · 영향력(influence) 모두를 포괄하는 개념으로 규정한다. 즉, 관계망의 크기뿐만 아니라 관계망의 구성이 어떤가에 따라 협력자의 영향력 행사가 가능한지가 좌우된다. 사회적 관계망이 도구적으로 유용하게 활용되기 위해서는 다양한 사람들에게 접근하는 것만으로는 부족하고 접촉한 사람이 사회 위계상 높은 위치에 있어야 한다. 높은 지위에 있는 협력자는 전략적으로 중요한 정보를 소유할 가능성이 높을 뿐 아니라 구직자를 위해서 자신이 갖고 있는 권력을 행사할 수 있다(장원섭, 1997). 이러한 위세가설은 관계망의 방향성을 나타내는 지표가 된다. 직업 · 학력 · 연령 · 경제적 수준 등 여러 가지 개인적 속성의 범주적 결합의 방향성이 하향적이기보다는 상향적인 사람이 보다 효과적인 관계망을 맺을 가능성이 높다. 결국, Granovetter와 Lin의 주장은 강한 연결은 일반적으로

약한 연결은 다른 성향을 지닌 개인들을 연결시키기 때문에 개인은 오직 약한 연결만을 통해서 높은 지위의 사람들과 접촉할 수 있다는 것이다(Wegener, 1991).

위계화된 수준 또는 사회적 경계들을 연결하지 못하기 때문에 약한 연결이 지위획득에 있어서는 더 효과적이라는 것이다(Bian, 1997).

하지만 노동시장에서 약한 연결의 효과에 대한 실증적 검증은 일관되지 않다. 몇몇 학자들은 약한 연결의 효과가 지나치게 과대평가되었거나(Wegener, 1991; Bian, 1997), 약한 연결과 강한 연결 모두가 사회자원으로서 중요하다(Bridges & Villemez, 1986; Marsden & Hurlbert, 1988)면서 집단에 따라서는 강한 연결이 단절된 개인들을 연결하는 관계망 다리(network bridges)를 만들어 낼 수 있다고 주장한다. 특히, 낮은 지위에 있는 사람들, 예를 들어 여성·하층 노동자계급에게는 자신의 관계망 안에서 강한 연결을 통해 광범위한 사회자본을 활용하는 것이 더욱 유리하다. Granovetter(1974)는 높은 지위에 있는 사람들에게는 약한 연결이 효율적이지만 낮은 지위에 있는 사람들에게는 그렇지 않을 수 있는데, 이는 약한 연결이 가져다주는 정보가 그들에게 기회를 실질적으로 늘려 주지 못하기 때문이다(장원섭, 1997: 92). 왜냐하면 하층에 있어 약한 연결은 누구를 연결시켜 줄 수 있는 연줄이 아니라, 간접적인 정보나 소식을 얻는 데 사용된다. 반면 상층에게는 약한 연줄이 다른 유력한 사람을 연결시켜 주는 가교 역할을 하기 때문이다. 만약 하층에게 약한 연줄이 효율적인 경우에는 강한 연결을 맺고 있는 중개자(제 3자)를 매개로 알게 되는 협력자와의 간접적 연결 구조가 만들어진 경우이다(Bian, 1997). Wegener(1991)는 개인의 관계망은 동질적이기보다 이질적이기 때문에 낮은 직업지위의 사람들은 약한 연결보다 강한 연결로 자신의 관계망 안에 있는 높은 지위에 있는 누군가와 접촉함으로써 더 유익한 결과를 얻어낼 수 있다고 주장한다. Bian(1997) 역시 약한 연결이 정보를 확산하는 데는 유용할지라도 값비싸고 획득하기 힘든 영향력을 획득하는 데 있어서는 신뢰와 의무의 특성을 갖고 있는 강한 연결이 사회경제적 지위가 낮은 사람들에게 더 이로울 수 있다고 주장한다. 그리고 관계망을 통해 정보만이 흘러들어 가는 것이 아니라 영향력이 전달될 수 있다는 점을 감안하면 신뢰와 의무를 기반으로 하고 있는 강한 연결이 더 도구적 효율성을 가질 수 있다.

이와 같이 개인의 사회경제적 배경과 연결강도의 상호작용 효과에 대해 일관되지 못한 결과들은 각각의 연구들이 서로 상이한 집단을 표본으로 삼았거나 연구 설계의 차이로 인한 것일 수 있지만, 다른 한편으로는 사회경제적으로 개인이 차지하는 위치에 따라 사회자본의 도구적 효율성이 달라질 수 있다는 것을 의미한다. 따라서 제도적 사회자본으로서 관계망의 도구적 효율성을 검증하기 위해서는 다음 네 가지 상황이 고려되어야 한다(Bian, 1997). 첫째, 연결방식이 직접적 연결인지 간접적 연결인지를 구분하고 둘째, 정보와 영향력 모두가 사회적 관계망을 통해 전달될 수 있기 때문에 구체적인 관계망 구조 속에서 어떤 내용이 주로 거래되는지를 고려한다. 셋째, 구직과정에서 연결강도의 사용을 조건화하는 다양한 제도적, 노동시장의 맥락을 고려해야 한다. 마지막으로 관계망은 개인의 특성 또는 배경변수들과 취업결과 사이를 연결하는 변수라는 점을 염두에 두어야 한다.

3) 제도적 사회자본과 대학

제도적 사회자본이 사회구조적 맥락에서 형성된다는 측면에서 제도적 사회자본의 형성과 활용을 조건화하는 대학의 구조적 맥락을 고려할 필요가 있다. 대학 내 사회자본의 형성과 그 효과는 단순하게 일반화할 수 없으며, 각 개인이 내재하고 있는 대학의 구조적 환경에 따라 차별화될 수 있다. 이러한 분석은 왜 대졸 여성이 다른 집단보다 제도적 사회자본 형성과 활용에 있어 차별화되는지 설명할 수 있는 근거를 제시한다.

우선, 제도적 사회자본은 서열화된 대학구조 아래에서 형성되고 그 효과를 나타낸다. 대학교육의 대중화는 노동시장에서 대졸자들 간의 경쟁을 더욱 치열하게 만들었으며, 기업의 신입사원 모집전략에서도 대학서열을 강조하는 결과를 가져왔다(Lee & Brinton, 1996: 181). 일본에서 대학서열과 수입 간의 관계를 분석한 Ishida(1993)의 연구를 보면 대학서열은 현재 수입과 직업지위에 대한 강력한 효과를 갖고 있는 것으로 나타났다. 그는 일본 대학의 서열화가 대학 졸업생의 사회경제적 결과를 차별화한다고 언급하였다. Lee & Brinton(1996)은 한국의 명문대 졸업자들이 대기업에 취업할 수 있는 것은 명문대학이 갖고 있는 제도적 사회자본 때문이라고 설명한다. 특정 명문대학에 재학한다는 것은 그 대학만이 갖고 있는 교수들, 대학동료들, 그리고 선배들과의 관계망이 취업에 대한 정보를 제공하고 고용주와의 연결을 쉽게 한다. 따라서 명문대학 출신자들이 대기업에 취업이 잘되는 것은 그들이 진학 때부터 갖고 있었던 인적자본이 어느 정도 영향을 주지만 졸업 시 학교가 갖고 있는 제도적 사회자본을 보다 잘 활용할 수 있기 때문이다. 김용학(2003: 119)은 이를 '눈덩이 굴리기 효과'라고 언급했다. 조그만 눈덩이를 한 번 굴렸을 때는 별로 커지지 않지만 굴릴수록 눈덩이가 커지는 속도는 빨라지게 된다. 그러므로 점수 몇 점 차이로 인해 발생했던 아주 미세한 학연의 효과는 시간이 지날수록 더욱 큰 차이를 내게 된다. 장미혜(2002)의 연구를 보더라도 실제로 대학서열이 위계화된 구조 속에서 명문대 졸업생들은 보다 나은 사회적 지위를 차지하고 있다. 이는 선후배와의 관계망을 통해 다양한 도구적 후원을 받을 수 있기 때문이다. 실질적으로 학력인플레 현상이 진행됨에 따라 대학 간 서열이 보다 중요해지고 동일한 대졸자 사이에서도 명문대와 비명문대 졸업자들의 취업률 차이가 크게 나타나고 있는 현실을 감안하면 이들의 연구가 한국 교육현실에 던져 주는 의미는 매우 크다.

　둘째, 제도적 사회자본 형성 및 활용은 대학의 환경 아래 조건화된다. 다시 말해 대학 구성원들 간의 관계·대학문화·교육과정 및 취업센터와 같은 지원조직 등 대학의 교육환경을 고려할 필요가 있다. 이러한 필요성은 대학이라는 제도가 사회자본을 구성하는 한 요소로서 그것의 형성과 활용에 영향을 미친다는 전제하에 제기된다. 우선, 학교에서 구성원 간의 관계는 교사와 학생 간의 관계, 학생들 간의 관계로 규정될 수 있다. 이러한 관계가 성차별적 관계로 형성된다면 구성원들 간의 상호작용은 여학생들의 사회관계망 형성에 상당히 부정적인 영향을 줄 수 있다. 가령, 교수들의 전통적인 성역할 고정관념은 여학생의 사회적 관계망 형성에 대한 동기와 필요성을 약화시키거나 그것의 접근기회를 제약하는 원인이 된다. 학생들 간의 관계에서도 마찬가지인데, 남성중심적 인간관계나 놀이문화는 여성들 간의 관계 형성에 제약 요인으로 작용한다. 남녀공학 여자대학생의 인간관계망 형성에 대해 연구한 이은주(2000)는 이성애적 남녀 선후배 관계에 대한 인식과 남성중심적인 놀이 및 술 문화는 여대생들의 인간관계망 형성을 제약한다고 설명한다. 대학문화 대부분은 남성들의 연대강화를 위한 것들이다. 예를 들어 대학공간 안에서 자주 행해지는 농구·족구 등의 스포츠는 남성들의 전유물이고 대학가 주변의 놀이문화를 보더라도 호프집·당구장 등 남성중심적인 색채가 강하다. 여성들 간에 선후배 관계가 형성되기 힘든 것도 서로를 묶어줄 수 있는 매개물이 학교 내에 거의 존재하지 않기 때문이다.

마지막으로 교육과정이나 취업정보센터와 같은 학생들의 지원조직도 여성의 관계망 형성에 영향을 미친다. 학교생활에 초점을 맞추어 성차별성을 논의한 연구들(노혜숙 외, 1996; 오재림, 2000; 임선희, 2003; 임선희·전혜영, 2004)을 보면 고등교육의 내용과 과정에 존재하는 성차별성은 대학생활에서 남녀학생들의 교육경험과 관련이 있다. 외국의 연구(Astin, 1977)를 보더라도 대학의 교육환경이 전반적으로 의식적·무의식적으로 여성들을 소외시키거나 무시하는 경향이 강하며, 남성중심적인 교육환경과 교육과정이 여학생들의 능력개발에 부정적인 영향을 미치는 것으로 보고되고 있다. 1982년도 미국의 대학협의회(Association of American college)에서 발표한 여성의 지위와 교육에 관한 보고서는 대학의 교육환경은 여학생들을 소외시키거나 무시하는 분위기를 가짐으로써 여학생뿐만 아니라 남학생의 교육경험에도 부정적인 영향을 미친다고 지적하고 있다(노혜숙 외, 1996: 185). 대학의 취업센터 역시 중요한데, 대학과 기업 간의 제도적 관계망은 명성 있는 대학의 졸업자들에게 더 효율적으로 작용한다(Rosenbaum & Kariya, 1989). 일본에서 직업세계 이행에 대한 여러 연구는 학교의 취업지원 환경이 구직과정에서 결정적인 역할을 한다고 주장한다. 대부분의 고등학교 상급생들은 구직을 위해 그들의 학교취업센터를 이용하기 때문에 취업과 관련된 구직환경이 어느 정도 조성되어 있느냐는 취업과정에서 중요하다.

결과적으로 사회자본으로서 여성의 관계망 형성에 우호적인 특성을 가진 학교환경과 취업지원체제가 잘 마련되어 있는 대학에 재학하는 여성들은 그렇지 않은 학교의 학생들에 비해 제도적 사회자본을 형성하기가 쉬울 뿐 아니라 구직과정에서 결과 역시 긍정적으로 나타날 가능성이 높다.

4. 제도적 사회자본과 젠더

1) 사회적 관계망의 성별 차이

일반적으로 여성의 사회적 관계망의 가장 큰 특징은 강한 연결에 기반을 둔 가족 중심적 관계라는 것이다. 남녀 간에는 유사한 규모의 관계망을 갖지만 강도, 밀도, 관계유형 등의 구성에 있어서는 차이를 보인다. 1985년 이후 General Social Survey 자료를 사용해 Moore(1990)는 여성은 가족에 더 많은 초점을 맞추는 반면, 남성은 동료와 같은 비친족관계에 초점을 맞춘다는 것을 경험적으로 밝혀냈다. 유사한 사회적 위치에 있는 남자들과 비교했을 때에도, 여성들은 높은 비율의 친족관계를 가지고 있다. 한편, Chatter et al(1989)은 개인적인 어려움을 당했을 때 도움을 청하는 사람의 수를 조사했는데 남성보다 여성이 친하게 지내며 도움을 줄 것이라 기대되는 사람의 수가 더 많게 나타났다. 접촉빈도에 있어 남녀의 차이를 연구한 Hay(1986)에 의하면 전반적인 사회구성원과의 접촉빈도는 여성이 남성보다 더 높았다(강성희·이성희, 1999). 우리나라의 대기업 중간관리직 여성에 대한 연구(박기남, 1998)에서도 여성은 자신이 소속된 부서 안에서 소수의 상사나 구성원들과 강한 연계를 유지하는 경향이 있어서 남성들과 다르게 사회적 관계망의 폭이 좁은 편이다.

여성 관계망의 또 다른 특성은 여성들은 남성중심적 관계망에 잘 통합되지 않는다는 것이다. Brass(1985)는 직장 여성들의 네트워킹을 연구하면서 여성들은 남성 네트워크에 잘 통합되지 않고 그 반대도 마찬가지라는 것을 발견했다. Burke et al(1995) 역시 관리직과 전문직에 종사하는 여성들은 조직에서 권력을 소유한 개인들로 구성된 남성 관계망 안으로 잘 통합되지 않는다고 결론 내렸다. 여성들의 관계망에는 적은 직장동료들을 포함하고 있기 때문에 직장생활에서 구체적 조언을 획득하기가 쉽지 않고 나아가 여성들의 경력발달에 불이익이 생길 수밖에 없다(Traverse et al, 1997). Campbell(1988)에 의하면 여성의 관계망은 남성들이 차지하는 비율이 낮고 다양성의 정도가 낮은데, 이는 구직과 관련된 개인적 접촉을 유도할 만한 기회가 적다는 것이다. 이러한 특성은 지위가 유사한 집단들 간에는 거리감이 적다는 '동류가설(like-we hypothesis)'로 명명될 수 있다(정재기, 1997). 일반적으로 사람들은 의사소통의 용이성과 행동의 예측 가능성이 높다는 점에서 자신과 유사하다고 인식되는 사람들과 상호 작용하려는 경향이 있기 때문에 비슷한 직업집단, 직업적 위신, 사회적 위치를 가진 사람들 간에 관계망이 발달될 가능성이 크다.

관계망의 성별 구성차이는 멘토링 효과(mentoring effectiveness) 연구에서도 드러난다. 멘토에 관한 연구는 대부분 산업분야에서 수행되어 왔는데, 이들 연구에 의하면 성별에 따라 멘토의 혜택과 접근에 있어 차이를 보인다. Roche(1979)는 유명한 행정가의 2 / 3가 멘토를 갖고 있다는 것을 발견했다. 멘토관계에 있는 개인은 그렇지 않은 사람들에 비해 봉급, 보너스 등의 보상체제에서 더 많은 지급을 받고 있었다. 그런데 여성들은 바로 이러한 멘토관계에 대한 접근기회가 제한되어 있다는 것이 문제다. 대부분의 기업에서 멘토로서 역할을 수행하는 사람은 남성인 경우가 많은데, 인간은 기본적으로 자신과 유사한 특성을 지닌 사람들과 더 많은 상호작용을 하려는 경향이 있기 때문에 남성 관리자들은 여성 부하직원의 멘토 역할을 꺼린다.

결국, 여성들은 남성중심적 사회적 관계에 쉽게 접근할 수 없는 상태에서 자기자신과 비슷한 성향을 지닌 친한 친구나 가족 중심의 강한 연결망을 구성하는 특성을 보인다. 이러한 여성의 사회적 관계망 특성은 그 자체가 문제가 되는 것이 아니다. 그것이 취업과정에서 여성들의 취업여부에 일정 정도 영향을 미친다는 데 문제가 있다.

2) 여성의 사회적 관계망과 취업 간의 관계

이러한 여성의 사회적 관계망은 취업결과와 관계가 있을 것으로 보인다. 이런 상관관계 분석은 크게 세 가지 입장에서 접근해 볼 수 있다. 하나는 노동시장에서 여성의 사회적 관계망이 낮은 도구적 효율성을 가져올 것이라는 입장이다. 다른 하나는 노동시장 내 사회적 불평등을 재생산하는 기제가 된다는 입장, 그리고 여성주의적 시각에서 여성의 사회적 관계망을 재구성할 것을 요구하면서 기존의 취업 간의 관련성에 대한 연구들이 너무 획일화되어 있다는 주장이다.

우선, 노동시장에서 사회적 관계망의 도구적 효율성에 초점을 맞춘 연구들(Campbell & Rosenfeld, 1985; Campbell, 1988; Moore, 1990)은 여성의 사회적 관계망이 노동시장에서 남성의 관계망에 비해 도구성이 낮다고 주장한다. 그들의 이론적 근거는 '약한 연결 장점 가설'과 '위세 가설'이다. 여성들의 관계망은 약한 연결이라기보다는 가족이나 친한 친구와 같은 폐쇄적 집단 안에서의 강한 연결을 그 특징으로 한다는 점에서 관계망의 도구적 성격이 낮다는 것이다. 또한 자신의 사회적 지위와 비슷한 사람들과 관계를 맺음으로써 동질성을 강하게 띄는데 이러한 특성으로 인해 여성의 사회적 관계망은 직업세계로의 전환과정에서 그 의미가 줄어들 수밖에 없다.

한편, 도구적 효율성보다는 여성의 사회적 관계망과 노동시장 내 그들의 낮은 사회적 지위와의 관련성을 탐색하는 입장이 있다. 여성의 사회적 관계망이 기존에 그들의 사회적 불평등을 재생산하는 기제로 작용한다고 주장하는 연구들은 주로 기업조직 안에서 '유리천장(glass ceiling)'의 현상으로 전통적으로 여성들을 배제해 온 '남성중심의 관계망(old boy network)'을 문제삼고 있다. 남성중심적 관계망에서 배제되어 왔거나 혹은 비공식적 관계망 형성의 기회부족으로 인해 여성의 사회적 진출이 증가했음에도 직장 내 성별 직무분리 현상과 여성의 낮은 승진기회는 여전하다는 것이다(박기남, 1998; Burke et al, 1995; Traverse et al, 1997).[19] 따라서 여성의 사회적 관계망 특성은 도구적 활용도가 매우 낮을 뿐만 아니라 후배 여성들을 이끌어내는데 한계가 있다.

---

19) 유리천장(glass ceiling)이란 직장 내에서 소수파 특히, 여성의 승진을 막는 보이지 않는 차별 또는 장벽을 의미한다. 따라서 이러한 차별은 여성들로 하여금 자발적으로 노동시장에서 떠나게 만든다.

박기남(1998)은 대기업 관리직 여성들을 대상으로 관리직 내의 직무 구조가 성별로 분리되어 있는데, 이는 여성의 제한된 사회적 관계망으로 인해서라고 말하면서 그 구조적 제약 요인을 분석하고 있다. 대기업에서 이루어지고 있는 직무배치, 직무순환, 승진시 성차별적 고용관행은 여성 관리자들의 사회적 관계망을 제약하는 주요 원인이 된다. 사회적 관계망의 능숙한 활용이 승진과 평가에서 중요한 의미를 지니는 한국의 기업에서 이러한 관계망의 제약들로 인해 사회적 관계망을 확보하지 못하거나 이를 활용하지 못한 여성들은 승진에서 불리할 수밖에 없다. 이처럼 '남성중심적 관계망(old-network)'으로부터 여성의 배제와 접근기회의 제약은 여성들에 대한 부정적인 태도를 영속화시키고 낮은 사회적 지위를 재생산시킨다.

이와 같이 여성의 사회적 관계망의 특성으로 인해 도구적 효율성이 낮다고 주장하거나 기존의 사회적 불평등이 재생산된다고 주장하는 사람들과는 별도로 어떤 획일화된 기준 하에 여성의 관계망을 판단하는 것에 반대하는 입장이 있다. Vinnicombe & Colwill(1996)은 관계망이 남성과 여성에게 다른 기능을 한다고 주장하면서 관계망이 남성에게는 '실용성(utility)'을, 여성에게는 '사회적 가치(social value)'를 제공한다고 말한다. 가령, 멘토는 직무수행과 경력개발을 강화하는 도구적 후원과 사회심리적 후원 기능을 갖는데, 여성들은 멘토들에게 사회심리적 후원을 더 많이 기대한다(Rothstein & Davey, 1995). Burke et al(1995) 역시 멘토들은 남성 부하직원과는 다르게 여성 부하직원에게는 더 많은 사회심리적 후원을 제공한다는 것을 밝혀냈다. 이는 관계망은 성별에 따라 다른 사회적 기능을 제공하는데, 여성들의 사회적 필요는 남성들과 다르기 때문에 그 구성방식에 있어서도 차이가 날 수밖에 없음을 시사한다. 그러면서 그들은 여성주의적 관점에서 관계망을 재개념화할 것을 제안한다.

실용주의 관점에서 관계망을 보는 것은 모든 상호작용의 도구적 가치를 보는 것이다. 사회적 관점에서 관계망을 보는 것은 매우 다른 종류의 선물-우정, 후원-을 받는 것이다. 연구논문들은 여성들이 구체적으로 관계망 맥락에서 이러한 선물을 주고받는 데 숙달되기 쉽다고 제안한다. 실용으로서 관계망을 보는 남성들은 그들의 실용적 혜택을 더 받기 쉽다. 관계망을 사회적 관점에서 보는 여성들은 주로 사회적 보상을 얻는다……관계망이란 접촉, 후원, 우정의 목적을 위해 비슷한 성향을 지닌 사람들을 함께 묶어 내는 것이다. 다시 말해 관계망이란 여성들의 비공식적 집단에 의한 남성들에 의해 야기되는 후원을 만들어 내기 위한 여성들의 시도이다(Vinnicombe and Colwill, 1996).

Vinnicombe & Colwill(1996)의 주장은 공동체 연결(community ties)에 대한 광범위한 연구들(Wellman, Carrington & Hall, 1988; Wellman & Wortley, 1990)과 Coleman(1990)의 사회자본 개념을 통해 뒷받침된다. 공동체주의자들은 사회적 관계망의 다른 개념을 강조하는데, 비공식적 관계망 연결을 사회적 정체성 안에서 개인의 소속감 및 역할과 관련된 규범적 기대를 전달하는 근본적인 기반으로 보았다. 사회적 정체성은 정보와 조언을 문의하는 도구적 지식만큼이나 중요하다. 이러한 사회적 정체성에 이바지하는 관계망 특성은 정보, 자원, 중개기회에 대한 접근을 극대화하지 않는 구조일 수 있다. 도구주의자들이 간과하는 이러한 사회적 정체성은 구조적 연결고리가 많고 밀도가 연결망보다는 높은 폐쇄성(closure)과 응집력(cohesiveness)이 높은 관계망을 통해 촉진된다. 이러한 강한 연결망의 폐쇄성을 사회자본 축적의 주요 방식으로 보는 Coleman은 개인적 관계망에서 사회적 친밀감의 이점을 주장한다. 개인들이 낙관적으로 수행할 수 있는 응집력 있는 관계망은 명백한 규범적 질서를 전달하지만 범위가 넓고 단절된 관계망은 개인에게 갈등하는 선호와 충성을 전달한다.

이와 같이 여성들이 기대하는 관계망의 내용이 남성과 다르다는 사실은 여성들의 관계망 조직 전략의 차이에서도 분명히 드러난다. Ibarra (1993)는 학문적 환경에서 개인적 관계망의 구조와 기능을 조사하면서 여성들이 관계망의 중요성을 인식하면서도 남성이 관련되어 있는 사회적 사건들과 직장 상호작용에서 자주 배제되는 모순된 상황을 발견했다. 이때 여성들은 배제의 과정에서 단순히 순응하기보다는 그들 나름대로의 전략을 사용한다. 여성들은 일 중심의 남성중심적 관계망과 편안한 사회적 연결을 제공하는 여성중심적 관계망 모두에 양다리를 걸친다. 여성들은 직장 밖에 있는 다른 여성들로부터 사회적 후원을 구축하는 한편, 직장 안에 있는 남성들로부터는 도구적 후원을 얻는다(Persaud et al, 1990; Rothstein & Davey, 1995). 이는 성별에 따라 동일한 조직 안에서도 후원적 관계망에 따른 접근방식을 갖고 있고 각각의 관계망에서 다른 혜택을 얻고 있음을 의미한다. 또한 사회적으로 불리한 여성이 더 나은 사회적 지위를 획득하기 위해서는 전략적 행동들을 취해야 하는데 이는 일상적 사회모임과 교환을 넘어서는 자원에 접근할 수 있어야 한다(Ensel, 1979). Burt(1997b)의 연구에 의하면 여성은 위계구조하의 강한 유대가 있는 경우 승진이 빠르지만, 남성은 다양하고 느슨한 관계망을 가진 경우 승진이 빠르다. 따라서 남성중심적 기업조직에서 여성이 성공하기 위해서는 남성과 같이 폭넓은 관계망을 단순하게 확보하기보다는 기업 내에서 영향력 있는 상사와의 위계적 관계망을 확보하는 것이 유리하다. Beggs & Hurlbert(1997)의 주장처럼 여성들이 남성에 의해 지배되는 클럽에 가입하거나, 혹은 Green et al(1995)이 제기하는 것처럼 개인적 연결망을 넘어서는 관계망을 발견하는 것이 여성들에게 필요하다는 것이다(Lin, 2000: 793).

결국, 여성주의 시각에서 관계망을 재구성하고자 하는 연구자들은 다양한 사회적 맥락에서 비공식적 연결을 통해 전달된 다양한 내용들의 의미를 고려해야 한다고 말한다(Podolny & Baron, 1997). 즉, 사회적 관계망의 구조가 사회이동과 관련되어 있을 때, 본질적으로 다른 종류

의 관계망을 하나의 유형으로 통합시키려는 표준화된 관행은 잘못되었
다는 것이다.

III. 대졸 여성의 취업준비과정

1. 대졸 여성의 취업준비

가장 먼저 취업준비과정의 하나로 대졸자들이 재학 중에 획득한 학점의 평균을 조사해 보았다. 지나치게 낮은 학점은 취업원서를 낼 기회를 얻기 힘들다는 점에서 학점관리는 취업준비를 위한 가장 기본이 된다. 왜냐하면 보통 대기업 입사지원 자격이나 인턴쉽 지원 자격 요건으로 4년 동안의 학점을 평점 3.0 이상으로 제한하는 경우가 많기 때문이다.

〈표Ⅲ-1〉 응답자의 학점 평균

		사례수	평 균	F	유의확률
전 체	남 성	128	3.50	5.567	.019[*]
	여 성	147	3.61		
	합 계	275	3.56		
여 성	상위권	42	3.57	1.426	.244
	중위권	62	3.58		
	하위권	43	3.69		

■ 유의도수준 : * =p〈.05

성별에 따라 취득한 학점 평균을 비교한 <표Ⅲ-1>를 보면, 대졸 여성들이 대졸 남성들보다 취득한 학점 평균이 높은 것으로 나타났다. 여기서 한 가지 흥미로운 것은 학점이 상대적으로 높은 집단인 여성 집단, 특히 하위권 대졸 여성들의 취업률은 매우 낮다는 것이다.

따라서 고용여부를 결정하는 데 있어 학점은 하나의 통과 기준점 이외에는 그 개인의 취업여부를 결정하는 요인은 아니라는 것을 알 수 있다. 이러한 경향은 연구자가 참여해 보았던 취업설명회에서도 찾을 수 있었다. 모기업 인사담당자는 학점은 서류전형 통과를 위한 하나의 기준일 뿐 그것이 취업의 당락을 결정하는 요인은 아니라고 말하면서 평점 3.5 정도만 취득하면 된다고 하였다.

다음으로 취업준비과정의 하나로 대졸 여성들이 소지한 자격증의 개수를 조사해 보았다. 그 결과 전체 응답자의 44.7%가 자격증을 하나도 갖지 않았으며, 갖고 있을 경우에도 0.96개 정도 갖고 있는 것으로 나타났다. <표Ⅲ-2>를 보면 대졸 여성 집단보다 대졸 남성 집단이 획득한 자격증 개수가 상대적으로 많은 것으로 나타났지만 이 차이가 통계적으로 의미가 있지는 않았다.

<표Ⅲ-2> 남녀 대졸자가 취득한 자격증 개수

		사례수	평 균	F	유의확률
전　체	남　성	140	1.04		
	여　성	153	0.88	1.264	.262
	합　계	273	0.96		
여　성	상위권	44	0.77		
	중위권	66	0.88	.393	.676
	하위권	43	1.00		

마지막으로 대졸 여성들의 취업준비 정도를 살펴보았다. 외국어, 컴퓨터, 시사 및 상식, 인간관계기술, 전문자격증, 전공지식, 면접 준비, 이

력서 등의 측면에서 대졸 여성들의 취업준비 정도를 분석한 <표Ⅲ-3>
을 보면, 대졸 여성 집단이 대졸 남성 집단보다 세부적인 취업준비를
약간 더 많이 한 것으로 나타났다. 이 중 외국어 학습, 인간관계기술,
전문자격증 취득 준비, 면접 준비, 이력서 준비 부분에서 성별 간 차이
가 나타났다. 대졸 여성들(57.5%)이 대졸 남성들(27.5%)에 비해 외국어
를 더 많이 준비했다. 인간관계기술은 요즘 산업계에서 요구하는 필수
적인 직무수행능력의 하나로 급변하는 직업세계에서 타 직무나 유사직
업으로 이동 시에 전이율이 높은 지식과 기술 중의 하나이다(정태화,
1998).[20] 인간관계기술 준비를 비롯해 이력서, 면접 준비에 있어서 통
계적으로 유의미한 성별 차이가 나타났는데 남성들이 여성들에 비해 더
많이 준비한 것으로 나타나 변화하는 노동시장의 요구에 남성들이 더
민감하게 반응하고 있음을 알 수 있었다.

전문자격증 준비에 있어서도 성별 간 차이가 뚜렷한데, 여성들(39.8%)
이 남성들(26.5%)보다 더 많은 준비를 하였다. 이러한 응답률은 앞서
살펴본, 상대적으로 여성들의 낮은 자격증 취득률과 차이를 보이는 결
과이다(<표Ⅲ-2>참조). 따라서 여성들이 자격증 준비는 많이 하고 있지
만 실제 취득률은 낮다고 하겠다.

---

20) 최근 유럽이나 미국을 중심으로 산업계에서 요구하는 필수적인 직무수행능력의 구
성요소를 추출하여 이를 직업교육의 내용에 반영하려는 노력이 활발하게 진행되고
있다. 이들 국가에서 강조하는 요소는 크게 정보 활용기술, 의사소통기술, 기획 및
자기관리기술, 대인관계기술, 수리적용기술, 문제해결기술, 공학활용기술 등이다. 이
와 같은 요소들이 강조되는 이유는 평생직장이나 종신고용이 사라지고 전직 및 이
직 등을 통한 인력이동이 빈번한 현상에서 타 직무나 유사직업으로 이동 시에 활용
될 수 있게 하기 위해서다(정태화, 1998).

〈표Ⅲ-3〉 성별 간 세부적인 취업준비 정도

단위: 명(%)

		전혀 안함	거의 안함	보통	약간 함	많이 함	전체
외국어 준비	남성	10(7.2)	18(12.9)	45(32.4)	37(6.6)	29(20.9)	139(100.0)
	여성	1(.7)	21(13.7)	43(28.1)	53(34.6)	35(22.9)	153(100.0)
	전체	11(3.8)	39(13.4)	88(30.1)	90(30.8)	64(21.9)	292(100.0)
		$\chi^2 = 10.399$ df = 4 p = .034[*]					
인간 관계 기술 준비	남성	11(7.9)	15(10.7)	63(45.0)	30(21.4)	21(15.0)	140(100.0)
	여성	13(8.5)	31(20.3)	57(37.3)	41(26.8)	11(7.2)	153(100.0)
	전체	24(8.2)	46(15.7)	120(41.0)	71(24.2)	32(10.9)	293(100.0)
		$\chi^2 = 10.305$ df = 4 p = .036[*]					
전문 자격증 준비	남성	31(22.1)	26(18.6)	46(32.9)	26(18.6)	11(7.9)	140(100.0)
	여성	25(16.3)	43(28.1)	24(15.7)	51(33.3)	10(6.5)	153(100.0)
	전체	56(19.1)	69(23.5)	70(23.9)	77(26.3)	21(7.2)	293(100.0)
		$\chi^2 = 19.371$ df = 4 p = .001[**]					
면접 준비	남성	13(9.3)	23(16.4)	51(36.4)	29(20.7)	24(17.1)	140(100.0)
	여성	11(7.2)	19(12.4)	72(47.1)	41(26.8)	10(6.5)	153(100.0)
	전체	24(8.2)	42(14.3)	123(42.0)	70(23.9)	34(11.6)	293(100.0)
		$\chi^2 = 11.400$ df = 4 p = .022[*]					
이력서 준비	남성	26(18.6)	37(26.4)	41(29.3)	16(11.4)	20(14.3)	140(100.0)
	여성	19(12.4)	38(24.8)	58(37.9)	31(20.3)	7(4.6)	153(100.0)
	전체	45(15.4)	75(25.6)	99(33.8)	47(16.0)	27(9.2)	293(100.0)
		$\chi^2 = 14.520$ df = 4 p = .006[**]					

■ 유의도수준 : * =p 〈.05, ** =p 〈.01

<표Ⅲ-1>, <표Ⅲ-2>, <표Ⅲ-3>의 결과를 종합적으로 살펴보면 성별과 대학서열에 따라 취업준비를 한 성격이 약간 다르다는 것을 알 수 있다. 취업률이 낮은 집단 즉, 남성보다는 여성이, 상위권 대졸 여성보다는 하위권 대졸 여성의 전반적인 취업준비 수준이 높다. 특히, 학점과 자격증 취득부분에서 하위권 대졸 여성들의 취업준비 정도

가 높게 나타났다. 또한 여성 집단과 하위권 대졸자들이 학점, 외국어, 컴퓨터, 전공과 같은 서류전형 통과를 위한 기본적인 사항에 치중한 반면 대졸 남성과 상위권 대졸자들은 인간관계, 면접, 이력서 등 서류전형 통과 이후에 요구되는 부분들에 초점을 맞추어 준비했다. 그리고 하위권 대졸 여성들이 학점과 취득한 자격증 개수에 있어서는 다른 집단의 여성들보다 높지만 구체적인 취업준비 자체는 상위권 대졸 여성들이 많이 했다는 것도 의미 있는 차이로 보인다. 결국, 성별과 대학서열에 따라 나타나는 이러한 차이는 여성 집단 특히, 하위권 대졸 여성 집단의 취업준비가 전략적이지 못하다는 것을 제시하는 것이다.

이에 대졸 여성의 취업준비 정도가 그들의 취업결과에 어떤 영향을 미치고 있는지를 알아보기 위해 학점, 취업준비, 자격증의 점수를 표준화 점수(Z점수)로 변환한 후 분산분석과 로짓분석을 실시하였다.

<표Ⅲ-4> 고용상태별 취업준비의 총합 평균

		사례수	평 균	F	유의확률
전 체	취 업	112	-.2985	4.483	0.035[*]
	미취업	163	.2282		
	합 계	275	.0137		
여 성	취 업	54	-.4099	5.419	0.021[*]
	미취업	93	.3298		
	합 계	147	.0581		

■ 유의도수준 : [*]=p < .05
■ 참고 : 종속변수에 사용된 취업준비 정도는 취득한 학점, 세부적인 취업준비사항, 취득한 자격증 개수에 대한 점수를 표준화 점수로 변환한 후 합산한 점수임.

우선 고용여부에 따른 성별 간 취업준비 정도의 평균 차이를 분석한 <표Ⅲ-4>를 보면, 미취업자들이 취업자들보다 취업준비를 더 많이 한 것으로 나타났으며 이러한 차이는 통계적으로 유의미했다. 이러한 경향은 남녀 모두에게 나타났지만 남성 집단에서 취업자와 미취업자 간의 취업준비 정도의 차이가 통계적으로 무의미한 반면 여성 집단에서 고용상태에 따른 차이는 통계적으로 유의미했다(p <.05). 대졸 여성 집단에서는 미취업자들이 취업자들보다 많은 취업준비를 한 것으로 나타나 취업준비를 많이 했다고 해서 여성들의 취업 가능성이 실질적으로 높아진다고 단정짓기는 어렵다.

이에 세부적으로 어떤 취업준비가 대졸 여성의 고용상태에 영향을 주는지 알아보기 위해 로짓분석을 실시하였다. <표Ⅲ-5>를 보면, 면접 준비를 많이 할수록, 취득한 자격증 개수가 많을수록 대졸 여성의 취업 가능성은 증가했다. 특히, 다른 조건이 동일한 경우 면접 준비를 많이 할수록(1 표준편차 증가하는 경우) 취업 가능성이 가장 많이 증가한 것(1.977 표준편차 증가)으로 나타났다. 하지만 문제는 <표Ⅲ-3>에서 살펴보았듯이 면접에 대한 여성들의 준비 정도가 상대적으로 낮다는 데에 있다.

〈표Ⅲ-5〉 취업준비가 고용상태에 미치는 영향(여성)

독립변수	계수(exp B)	표준오차
취득한 학점	-.572(.565)**	0.207
외국어 준비	-.370(691)	0.221
컴퓨터 준비	-.288(750)	0.238
시사상식 준비	.178(1.195)	0.260
인간관계 준비	.095(1.100)	0.238
자격증 준비	-.616(.540)*	0.259
전공지식 준비	-.285(.752)	0.229
면접 준비	.681(1.977)*	0.323
이력서 준비	-.140(.869)	0.296
취득한 자격증 개수	.458(1.582)	0.238
상 수	-.449(.639)*	0.192
-2log우도	165.703**	

■ 미취업=0, 취업=1　　■ 유의도수준 : * =p〈.05 ** =p〈.01
■ 참고 : 독립변수에 사용된 취업준비 변수들은 모두 표준화 점수로 변환된 점수임

한편, 취득한 학점이 높을수록, 자격증 준비를 많이 할수록 취업 가능성은 오히려 낮아졌다. 이러한 결과는 학점과 취득한 자격증 자체가 대졸 여성의 취업을 결정하는 중요한 요인은 아니라는 것을 나타낸다. 실제 장창원 외(1999)의 연구를 보면 자격증 소지 유무별로 교육투자 수익률은 차이가 나지 않거나 대졸 이상의 학력을 가진 집단에서는 자격증 미소지자들의 취업률이 1.1% 높게 나왔다. 그렇다고 이러한 결과가 취업준비의 무용성을 의미하기보다는 대졸 여성의 취업에는 또 다른 요인들이 개입하고 있다고 해석하는 것이 타당해 보인다.

대졸 여성들의 낮은 취업률은 취업전략상에서 비롯된다는 점에서 대졸 여성의 취업과정에는 취업준비 정도 이외에 다른 요인이 영향을 미치고 있으며 이것이 남성보다는 여성에게 더 큰 영향력을 발휘한다. 자신들의 고용상태에 정적인 영향을 주는 부분들에 있어 상대적으로 대졸 여성들의 준비 정도가 낮다는 결과는 많은 취업준비를 하고 있지만 그 준비과정이 전략적이지 못함으로써 효율성은 떨어진다. 즉, 기업 인사담당자들이 무엇에 초점을 맞추어 사원을 뽑는지를 파악하지 못한 상태에서 대략적인 준비만을 하고 있다는 것이다. 이러한 측면은 여성 집단과 하위권 대졸자 집단이 구직과정에서 경험하는 어려움이 무엇인지를 분석해 보면 더욱 분명해질 것이다.

2. 취업과정에서 경험한 어려움

취업과정에서 경험했던 어려움을 분석한 결과, 성별 간에 통계적으로 유의미한 차이를 발견할 수 있었다. <표Ⅲ-6>을 보면 모든 부분에 있어서 대졸 여성들은 대졸 남성들보다 더 많은 어려움을 경험한 것으로 나

타났다. 대졸 여성들은 대졸 남성들보다 정보부족으로 인해 겪는 어려움
이 더 컸는데, 이러한 결과를 통해 남녀가 동일한 정보의 양을 갖고 있
지 않음을 알 수 있다. 이러한 정보부족은 단순히 그 자체만으로 끝나지
않고 직업탐색의 어려움을 가중시킨 것으로 보이며 이 부분에서 남녀 대
졸자 간의 평균 차이는 통계적으로 매우 유의미했다(p < .001). 정보부족
과 직업탐색의 부족은 자연스럽게 취업전략의 부재와 연결된다. 특히, 상
위권 대졸 남성 집단이 다른 집단에 비해 상대적으로 적은 취업준비를
했음에도 불구하고 취업률이 높은 것은 그들이 다른 집단보다 취업에 관
한 정보를 더 쉽게 얻을 수 있고 획득한 정보를 좀더 전략적으로 활용하
는 방법을 알고 있기 때문으로 보인다.

〈표Ⅲ-6〉 성별 간 취업과정에서 경험한 어려움

	성 별	사례수	평 균	F	유의확률
취업정보 부족	남 성	138	2.71	4.922	0.027[*]
	여 성	153	2.99		
직업탐색 기회부족	남 성	138	2.71	19.625	0.000[***]
	여 성	153	3.30		
취업전략 부재	남 성	136	2.83	11.048	0.001[**]
	여 성	153	3.23		
조언자 부재	남 성	136	2.69	9.804	0.002[**]
	여 성	153	3.08		
성별에 따른 구직기회제한	남 성	136	2.74	6.704	0.010[*]
	여 성	153	3.07		
학교진로 프로그램미흡	남 성	138	2.72	39.331	0.000[***]
	여 성	153	3.52		

■ 유의도수준 : * =p 〈 .05, ** =p 〈 .01, *** =p 〈 .001

그렇다면 이러한 정보들은 어디서 획득이 가능한 것인가? 그것은 부분적으로 대학이 제공하는 각종 취업프로그램, 대학동창, 취업한 선배를 통해서 이루어진다. 이러한 측면에서 대졸 여성이 대졸 남성보다 학교의 체계적인 프로그램의 미흡으로 가장 큰 어려움을 경험하고 있다고 응답한 결과는 의미하는 바가 크다. 취업전략이 높다고 해서 실질적인 취업 가능성이 높다고는 할 수 없지만 여성들이 어떻게 취업준비를 해야 하는지를 몰라 취업하는 데 어려움을 경험한다면 이를 도와줄 수 있는 체계적인 진로프로그램은 더욱 절실해 보인다. 또한 대졸 여성들의 구체적인 취업전략의 부재는 일정 정도 그들에게 취업에 관해 조언해 줄 사람이나 전문적인 상담가의 부재 속에서 오는 어려움일 수 있다. 결국, 대졸 여성들이 대학의 체계적인 취업프로그램의 미흡과 조언자의 부재로 인해 경험하는 어려움은 단순히 이것 자체로 끝나는 것이 아니라 정보부족, 직업탐색의 부족, 취업전략의 부재라는 문제를 파생시킨다. 그것은 바로 여성들이 속해 있는 대학 제도상에서 비롯된 문제라고 할 수 있다.

또 다른 측면에서 대졸 여성들이 구직과정에서 경험하는 어려움 중의 하나는 노동시장 내 존재하는 차별적 사회구조 때문에 발생하기도 한다. 개인의 선택이라는 것이 사회로부터 독립되어 존재하는 것이 아니라, 사회구조 내에서 발생한다는 점에서 노동시장 내 존재하는 차별적 상황은 대졸 여성들의 구직과정을 어렵게 만든다. 이에 "성별에 따른 구직기회의 제한으로 인해 어려움을 경험했는지"를 분석한 결과(<표Ⅲ-6>참조), 대졸 여성들이 대졸 남성들보다 더 많은 어려움을 경험한 것으로 나타났다. 또한 우리사회 저변에 깔려 있는 학벌주의 풍토로 인한 어려움을 질문한 결과 하위권 대졸 여성들이 위계적 대학서열로 인해 많은 어려움을 경험한 것으로 나타났다(<표Ⅲ-7>참조).

〈표Ⅲ-7〉 졸업한 대학의 낮은 사회적 인지도로 인한 어려움(여성)

	사례수	평 균	F	유의확률
상위권	44	1.75		
중위권	66	2.61	24.121	.000[***]
하위권	43	3.16		

■ 유의도수준 : *** =p < .001

결국, 남성 집단과 상위권 대졸자 집단이 대졸 여성 집단에 비해 상대적으로 적은 취업준비를 했음에도 불구하고 취업률이 높은 것은 그들이 다른 집단보다 취업정보를 더 쉽게 얻을 수 있고 획득한 정보를 전략적으로 활용하는 방법을 알기 때문이다. 그리고 구직자 개인이 갖고 있는 사회자본 특히, 제도적 사회자본에 의해 영향을 받는다는 점에서 성별과 대학서열에 따라 제도적 사회자본의 형성 정도를 분석할 필요가 있다.

IV. 대졸 여성의 제도적 사회자본 형성

1. 대졸 여성의 제도적 사회자본 형성

1) 사회적 관계망

사회자본이 다른 사람들과의 관계망 안에 참여함으로써 끌어낼 수 있는 자본이라는 점에서 구직과 관련해 맺을 수 있는 사람들과의 관계가 어떠냐에 따라 그 안에서 획득할 수 있는 자본의 양과 질은 달라진다. 따라서 취업과 관련해 대학 제도 안에서 맺을 수 있는 사람들을 중심으로 대졸 여성들이 어느 정도의 사회자본을 형성하고 있는지를 살펴볼 필요가 있다. 이에 취업선배, 학교취업센터 직원들, 교수, 학교활동을 통해 알게 된 학과 이외의 사람들과 어느 정도 구직과 관련된 이야기를 나누었는지를 조사하였다.

<표IV-1>를 보면 대학이라는 제도 안에서 사람들과의 관계를 통해 획득한 사회자본의 평균에 있어 성별 간 차이가 나타났다. 대졸 여성은 대졸 남성보다 취업과 관련된 사람들을 통해 획득한 사회자본이 적었다.

<표Ⅳ-1> 성별 간 사회적 관계 정도

		사례수	평균	F	유의확률
취업한 선배와 관 계	남 성	140	3.42	9.014	.003**
	여 성	153	3.07		
전공이외 사람들과 관계	남 성	140	3.26	6.788	.010*
	여 성	153	2.93		
취업센터 직원과 관계	남 성	140	3.25	1.075	.301
	여 성	153	3.13		
교수와 관계	남 성	140	3.15	12.275	.001**
	여 성	153	2.73		

■ 유의도수준 : * =p 〈 .05, ** =p 〈 .01

가장 먼저 취업한 대학 선배들과의 관계를 살펴보면, 취업한 선배들은 직접적으로 취업과 관련된 노하우나 실질적인 구직정보를 알려 주기도 하고 구직 당사자들의 노동시장 내 미래를 가늠해 볼 수 있는 거울이 된다는 점에서 중요하다. 하지만 대졸 여성은 대졸 남성보다 취업한 선배들과 취업에 관해 자주 이야기를 나누지 못한 것으로 나타났다. 이와 같은 경향은 '재학 중 다양한 활동을 통해 알게 된 학과 이외의 사람들과의 관계'에 있어서도 그대로 나타났다. 대졸 여성은 대졸 남성보다 자신의 전공 이외의 사람들을 알고 있는 경우가 매우 적었으며 그들과 취업에 관해 이야기를 나눈 경우도 적었다. 이처럼 대졸 여성들이 취업한 선배들이나 학과 이외의 사람들과의 관계가 소원한 것은 남성에 비해 상대적으로 사회에 진출한 선배 여성들이 적다는 점과 다음 절에서 살펴볼 다양한 활동들의 낮은 참여율과 관련이 있다. 대졸 남성들과 비교해 보았을 때, 대졸 여성들의 학생회, 동아리, 동문회, 각종 취업활동 등의 낮은 참여율은 그들의 사회적 관계망 형성을 어렵게 만드는 한 요인이 되고 있다.

한편, 취업기회를 학생들에게 실질적으로 제공하는 위치에 있다는 점에서 학교취업센터 직원과 교수와의 관계도 매우 중요하다. 취업과정에서 이들은 구직자 여성 개인과 고용주를 연결하는 교두보로서의 역할을 담당하기도 한다. 따라서 취업과 관련해 이들과 어느 정도 상호작용을 해 왔느냐가 취업과정에서 활용될 수 있는 사회자본의 양에 영향을 줄 수 있다. 대체로 대졸 남성들에 비해 대졸 여성들이 취업센터 직원들과 소원한 관계를 맺는 편이지만 취업과 관련해 다른 집단의 사람들보다는 가장 많은 이야기를 나눈 것으로 나타났다. 마지막으로 교수와의 관계를 분석한 결과, 남녀 대졸자 모두 교수와 취업에 관한 의사소통을 가장 적게 한 것으로 나타났으며 특히 여성 집단과 교수와의 관계 형성 정도는 매우 낮았다.

<표Ⅳ-2>는 대졸 여성 집단 내에서 대학서열 간 차이를 분석한 결과인데, 구직과정에서 하위권 대졸 여성 집단이 사회적 관계를 통해 사회자본을 형성하기가 가장 힘들었던 것으로 나타났다. 특히, 취업한 선배나 전공 이외의 사람들과의 관계 형성이 가장 열악하였다. 학교취업센터 직원과의 관계에서는 여성 집단 내에서는 대학서열에 따라 통계적으로 유의미한 차이가 나타났는데 하위권 대졸 여성들이 학교취업센터 직원과의 관계가 가장 소원하였다.

〈표Ⅳ-2〉 대학서열별 사회적 관계 정도(여성)

		사례수	평 균	F	유의확률
취업선배와 관계	상위권	44	3.39	12.708	.000***
	중위권	66	3.27		
	하위권	43	2.44		
전공이외 사람들과의 관계	상위권	44	3.25	6.450	.002**
	중위권	66	3.05		
	하위권	43	2.44		
취업센터 직원과의 관계	상위권	44	3.32	4.269	.016*
	중위권	66	3.24		
	하위권	43	2.77		
교수와 관계	상위권	44	3.00	2.111	.125
	중위권	66	2.61		
	하위권	43	2.63		

■ 유의도수준 : * =p〈.05, ** =p〈.01, *** =p〈.001

이러한 결과는 하위권 대졸 여성 집단이 사회적 관계를 통해 사회자본을 획득하기 어렵다는 것과 우리 사회의 사회적 관계망이 성별과 학벌에 따라 달라지고 있음을 제시한다고 하겠다.

2) 활동 참여

Bourdieu는 사회자본이 지속적으로 형성·유지되기 위해서는 클럽이나 동창회와 같은 각종 사교조직·여가활동 등의 특정한 제도적 장치와 일정 정도 경제자본의 지출이 필요하다고 주장하였다(Portes, 1998:4). Granovetter 역시 다양한 활동 경험이 사회자본을 획득하는 수단을 제공한다고 주장하였다(Beggs & Hurlbert, 1997). 따라서 활동 참여는 제도적 사회자본 획득의 수단인 동시에 결과라고 할 수 있다. 이에 대학 재학 중 구직과 관련된 활동에 어느 정도 참여했으며, 참여했을 경우 어느 정도의 적극성을 보였는지를 분석해 대졸 여성의 제도적 사회자본 형성의 또 다른 측면을 제시하고자 한다. 활동 영역은 크게 동아리 및 학생회와 같은 자치활동, 아르바이트, 인턴쉽과 같은 예비 취업활동, 교내특강, 취업관련 과목과 같은 직업탐색 활동 세 가지 유형으로 구분하였다.

동아리 활동, 각종 동문회 활동 등과 같은 자치 활동은 대학생활에서 인간관계를 폭넓게 형성할 수 있는 중요한 장이다. 그러한 활동을 통해 선후배나 동기 간의 만남이 이루어지고 이러한 잦은 만남을 통한 경험의 공유로 서로의 관계가 돈독히 될 수 있기 때문이다(이은주, 2000: 28-30). 따라서 자치 활동에 참여하지 않는 사람은 선후배 관계를 비롯해 다양한 사람들과의 관계를 만들어 가기 어렵기 때문에 상대적으로 사회자본을 획득하기 힘들다. <표IV-3>에 제시되어 있듯이 '동아리 활동'의 참여 정도를 분석한 결과, 대졸 남성이 대졸 여성보다 재학 중 동아리 활동을 많이 했으며 참여했을 경우에도 더 적극적으로 활동한 것으로 나타났다(p<.05). 또한 여성 집단 내에서도 대학서열에 따라 차이가 뚜렷했는데(p<.05), 상위권 대졸 여성들이 중·하위권 대졸 여성들보다 동아리 활동의 참여율이 높았다.

<표Ⅳ-3> 동아리활동 참여 정도

		사례수	평 균	F	유의확률
전 체	남 성	138	2.12	5.059	.025[*]
	여 성	152	1.90		
여 성	상위권	44	2.05	3.380	.037[*]
	중위권	65	1.98		
	하위권	43	1.63		

■ 유의도수준 : *=p〈.05

동아리 활동에 있어 하위권 대졸 여성들의 참여가 저조한 것은 단순히 여성 개인의 성향으로 파악하기보다는 대학의 구조적 맥락에서 해석되어야 할 것이다. 앞으로 살펴보겠지만 상위권 대학일수록 활동 공간 및 재정 지원 등 동아리나 학생회에 대한 대학의 지원이 더 많은 것이 사실이다. 따라서 하위권 대졸 여성들의 낮은 참여율은 부분적으로 이러한 활동을 지원하는 대학환경의 열악함에서 비롯된 것일 수 있다.

동창회는 그 속에서 개개인이 자유롭게 교제하거나 정기적인 집회의 개최와 회보의 발행을 통해 그들 서로가 동류 집단임을 반복하여 인식시킴으로써 그들의 관계망을 견고하게 지속시키는 역할을 한다(황순희, 1993: 160). <표Ⅳ-4>에 제시되어 있는 것처럼 '고등학교 동문회'의 참여율을 집단별로 분석해 본 결과, 남성들의 참여율이 매우 높았으며 참여했을 경우에도 더 적극적인 것으로 나타났다(p<.01).[21] 이러한 성별

---

21) 고등학교 동문회를 대학을 통해 형성할 수 있는 사회자본의 형태로 간주할 수 있느냐라는 의문이 제기될 수 있다. 하지만 현실적으로 고등학교 동문회가 동일한 대학에 진학한 학생들을 중심으로 이루어진다는 점에서 고등학교 동문회를 대학을 통해

차이는 상위권 대졸자 집단에서 더 뚜렷한데, 상위권 대졸 남성은 동일한 대학서열의 여성보다 39%포인트나 높은 참여율을 보였다(p <.001). 동문회가 비교적 발달되어 있는 상위권 대학에서 성별 간 차이가 뚜렷하게 나타난다는 것은 여성들의 참여를 이끌어낼 만한 유인가가 별로 없다는 것을 의미한다.

<표Ⅳ-4> 성별 간 고등학교 동문회 참여 정도

단위: 명(%)

		없 다	소극적 참여	적극적 참여
전 체	남 성	61(43.6)	60(42.9)	19(13.6)
	여 성	100(66.2)	39(25.8)	12(7.9)
		$\chi^2 = 15.088$ df = 2 p = .001**		
상위권 대 학	남 성	17(31.5)	27(50.0)	10(18.5)
	여 성	31(70.5)	8(18.2)	5(11.4)
		$\chi^2 = 15.202$ df = 2 p = .000***		

■ 유의도수준 : ** =p 〈.01, *** =p 〈.001

동문회처럼 자신의 출신학교를 중심으로 한 활동에서 여성의 참여율이 남성보다 매우 낮다는 것은 의미 있는 사실이다. 우리 사회에서 사회적 관계망이 학연을 중심으로 이루어진다는 것을 감안하면 여성들의 낮은 동문회 참여율은 여성들의 사회적 관계망이 유지, 확대되기 힘들다는 것을 의미한다. 이는 앞서 살펴본 취업한 선배들과의 관계 형성에 있어서 대졸 여성이 대졸 남성보다 '힘들었다'고 응답한 비율이 높은 것도 바로 이러한 연유에서 비롯된 것일 수 있다.

이와 비슷한 맥락에서 '대학 동문 간담회'의 참여 여부도 성별과 관련이 있는 것으로 나타났다.22) <표Ⅳ-5>를 보면 대졸 여성들이 대졸 남성

형성하는 제도적 사회자본의 획득 가능성을 높여주는 활동이라고 보는 데에 무리가 없어 보인다.

들보다 동문 아카데미 등과 같은 대학 동문들과의 간담회에 참여한 비율
이 낮았다(p<.001). 대졸 여성 집단 내에서는 중위권, 상위권, 하위권 대
학 순으로 참여율이 높았다. 한편, 대학 동문 간담회에 참여한 하위권 대
졸 여성들의 비율이 매우 낮은데, 이는 동일한 대학서열의 남성들과 비
교했을 때에도 현저하게 낮은 수치이다. 앞서 살펴보았듯이 '자신이 졸
업한 학과 선배들과의 사회적 관계망 형성'에 있어 하위권 대졸 여성들
이 가장 취약한 집단이라는 것이 여기서도 확인되었다.

〈표Ⅳ-5〉 대학 동문 간담회 참여 정도

		사례수	평 균	F	유의확률
전 체	남 성	140	1.42	20.935	.000[***]
	여 성	152	1.15		
여 성	상위권	44	1.14	6.735	.002[**]
	중위권	65	1.26		
	하위권	43	1.00		

■ 유의도수준 : **=p〈.01, ***=p〈.001

이처럼 각종 동문회 활동이 대학서열과 성별에 따라 뚜렷한 차이를
보이는 것은 몇 가지 측면에서 설명될 수 있다. 1차적으로 대학서열에
따라 차이가 나타나는 이유는 우리사회에서 학벌과 동창회 활동 사이의
관계가 명확하기 때문이다. 대학별로 정치학과 동창명부를 분석한 김용
학(2004)은 대학서열이 낮은 대학의 정치학과 동창회명부는 존재하지도
않고, 존재하더라도 명단의 현 직업란에 빈칸이 많은 반면 상위권대학
의 동창명부는 그 반대 양상이 나타나고 있음을 지적하였다. 이처럼 대
학서열이 높은 대학일수록 사회에 진출한 동문들이 많고 그 사회적 지

---

22) 대학 동문 간담회는 대체로 취업센터에서 주관하는 경우가 많은데 이는 사회에 진
   출한 동문들을 특정 직업영역 중심으로 초청해 학생들의 직무탐색에 도움을 주고자
   기획된 활동이다.

위가 높은 관계로 동창회 활동이 활발해지고 이것은 다시 후배들에게 사회적 후원을 제공해 주는 기반이 된다. 또한 상위권 대학일수록 고등학교 동문회를 조직하기가 수월한 것도 사실이다. 가령, 고등학교 동문회는 남녀 고등학교 간의 연합 형태로 운영되는 경우가 많은데 상위권 대학일수록 이러한 연합활동이 수월한 편이다. 그리고 상대적으로 여성들의 낮은 참여율은 두 가지 측면에서 해석이 가능한데, 우선 여성들은 동문회에 참석해도 그것으로부터 얻을 수 있는 메리트가 별로 없기 때문이다. 남성들은 졸업을 해도 동문회에 꾸준히 참석하면서 자신의 사회적 관계망을 관리한다. 남성들은 사회생활을 하면서 사회자본을 동원하고 요청받는 등의 사회적 교환을 빈번하게 행하는 환경에 처하게 되고 그러한 교환의 경험을 반복함으로써 사회자본 축적에 민감하게 반응하는 성향이 만들어진다. 이는 그들의 사회자본을 증가시키는 결과를 초래한다(황순희, 1993: 175). 하지만 여성의 경우는 사회생활을 하는 비율이 상대적으로 낮고 사회활동을 할 경우에도 가사, 양육의 문제로 적극적인 활동을 꺼리는 경향이 있다. 이러한 상황은 결국 후배 여성들의 사회적 관계망 형성을 제약하는 요인으로 작용한다. 또 다른 이유는 동문회 문화 자체가 남성중심적이기 때문에 여성들의 참여율이 낮다고 하겠다. <표IV-4>에서 살펴보았듯이 동문회활동이 비교적 활발한 상위권 대학 내에서도 남성보다 여성의 참여율이 낮다는 것은 동문회활동 자체가 남성중심적이라는 것을 부분적으로 나타낸다고 하겠다.

한편, 예비 취업활동으로는 '아르바이트'와 '인턴쉽'을 분석하였다. <표 IV-6>을 보면, 여성 집단 내에서 대학서열에 따라 통계적으로 유의미한 차이가 나타났는데(p <.05) 상위권 대졸 여성들이 다른 집단의 대졸 여성들보다 예비 취업활동을 많이 했다. 특히 상위권 대졸 여성들의 인턴 활동 참여율은 다른 집단의 여성들보다 상대적으로 높게 나타났으며 이는 통계적으로도 매우 유의미했다.

<표Ⅳ-6> 예비 취업활동 참여 정도

		사례수	평 균	F	유의확률
전 체	남 성	140	3.84	2.119	.147
	여 성	152	3.66		
여 성	상위권	44	4.02	3.988	.021*
	중위권	65	3.51		
	하위권	43	3.51		

- 유의도수준 : * = p < .05
- 참고 : 표에 제시된 평균값은 아르바이트와 인턴쉽 참여율을 합산해 산출한 값임

예비 취업활동은 직접적으로 구직과 관련된다는 점에서 대졸 여성 집단 내에서 활동 참여 정도와 취업률과의 관련성을 분석하였다. <표Ⅳ-7>를 보면, 아르바이트는 응답 여성들의 고용상태와 관련이 있는 것으로 나타났는데, 취업 여성(77.6%)보다 미취업 여성(92.6%)의 아르바이트 경험이 많았다.

<표Ⅳ-7> 고용상태별 아르바이트 / 인턴활동 참여 정도(여성)

단위: 명(%)

	고용상태	없다	소극적 참여	적극적 참여
아르 바이트	취 업	13(22.4)	21(36.2)	24(41.4)
	미취업	7(7.4)	49(52.1)	38(40.4)
	$\chi^2 = 8.089$ df = 2 p = .018*			
인턴쉽	취 업	33(56.9)	17(29.3)	8(13.8)
	미취업	76(80.9)	11(11.7)	7(7.4)
	$\chi^2 = 10.371$ df = 2 p = .006**			

- 유의도수준 : * = p < .05

그렇다면 왜 아르바이트 경험 자체가 대졸 여성의 고용상태와 정적인 상관관계를 갖지 못하는 것일까? 이는 재학 중 경험한 대부분의 아르바

이트가 과외, 서비스업종 등에 집중되어 있기 때문으로 보인다. 김태홍·
김종숙의 연구(2002: 145)에서도 드러났듯이 대학생들의 아르바이트 근
무처를 산업별로 분석해 보면 도소매, 음식, 숙박업이 전체의 37%, 사
회개인서비스가 30%를 차지하고 있다. 반면 실질적인 취업과 관련된
정보통신업, 금융보험, 부동산업, 언론, 공공부분에서의 아르바이트 경험
수준은 매우 낮았다. 이처럼 제한된 영역 안에서 아르바이트가 많이 이
루어지기 때문에 아직까지 직업을 위한 준비단계로서 자리 잡기 힘든
것으로 보인다.

반면 인턴쉽의 참여 경험은 고용상태와 정적 관계를 보였다. <표IV
-7>에 나타났듯이 미취업 여성보다 취업 여성의 참여 정도가 높았으며
취업 여성 중 43.1%가 인턴쉽 과정에 참여한 것으로 나타나 인턴쉽 과
정이 대졸 여성들의 취업과 밀접한 관련이 있다고 하겠다. 남성보다 여
성의 취업률이 낮은 상황에서 취업 여성의 상당수가 인턴쉽 경험이 있
다는 점을 고려하면 여성의 노동시장으로의 원활한 전환을 위해서는 인
턴쉽과 같이 기업 실무에 참여할 수 있는 기회가 우선적으로 확대될 필
요가 있다.

한편, 교내 취업특강과 취업설명회 그리고 직업 및 진로과목 수강 여
부와 같은 직업탐색 활동은 여성들이 자신의 적성에 맞는 직업을 탐색
하고 이에 따른 구체적인 취업전략을 세울 수 있도록 정보를 제공한다.
하지만 대부분의 활동 참여에 있어 성별과 대학서열 간 차이는 나타나
지 않았다. 다만 취업특강에서 대졸 여성 집단 내 대학서열에 따른 차
이가 나타났다. <표IV-8>에 제시되어 있듯이 상위권 대졸 여성들이 다
른 집단의 여성들보다 교내 취업특강에 참여한 비율이 매우 높았다.

<표Ⅳ-8> 대학서열별 교내 취업특강 참여 정도(여성)

대학서열	사례수	평 균	F	유의확률
상위권	44	1.73		
중위권	65	1.49	3.248	.042*
하위권	43	1.40		

■ 유의도수준 : * =p 〈 .05

3) 대학의 구직환경

사회적 관계를 유지하기 위해 투자의 형태로 나타나는 구체적인 활동 참여는 특정 대학의 구직환경과 밀접하게 관련되어 있다. 다시 말해 그 대학의 구성원들로 하여금 사회적 관계를 유지하고 그것에 대한 노력을 유도할 수 있는 구조가 마련되어 있지 않다면 특정 대학의 구성원들이 형성하고 활용할 수 있는 사회자본의 양은 적어질 것이다. 따라서 대학의 취업지원체제를 제도적 사회자본의 한 유형으로 교육과정, 학교조직, 학교취업센터를 살펴볼 필요가 있다. 이는 행위자의 의도하에 조직되거나 투자된 것이 아니라 특정 대학에 소속됨으로서 획득할 수 있는 잠재적 자원이라는 성격을 지닌다.

1차적으로 기업과 연계된 교육과정을 통해 대졸 여성들의 제도적 사회자본 획득 정도를 분석한 결과, 취업교양과목이나 기업과의 연계 프로그램이 아닌 진로개발 프로그램의 미흡에 있어서만 성별 간 차이가 나타났다. <표Ⅳ-9>에 나타났듯이 남녀 대졸자 모두 대학의 진로프로그램이 미흡하다고 인식했으나 여성들이 더 부정적이었다. 이러한 결과는 여성들이 취업과정에서 대학의 체계적인 진로프로그램의 미흡으로 인해 가장 많은 어려움을 경험했던 것과 관련이 있다. 하지만 아직까지 대학과 기업이 연계한 교육과정의 정도가 매우 미흡한 수준이어서 대졸 여성들이 이를 통해 획득할 수 있는 사회자본은 그리 많아 보이지 않는다.

〈표IV-9〉 성별 간 대학의 진로개발 프로그램 마련 정도

성 별	사례수	평 균	F	유의확률
남 성	140	2.39	4.397	0.037[*]
여 성	152	2.16		

■ 유의도수준 : * =p 〈 .05

다음으로 여학생 중심의 취업창구, 교수노력, 활동분위기 등과 같은
학교조직을 통한 자본 형성에 있어 집단 간 차이가 나타나는지를 살펴
보았다. 우선, 대학조직이 여성친화적인가를 살피기 위해 "여학생 중심
의 취업프로그램이 마련되어 있는가"를 질문한 결과, <표IV-10>에 제
시되어 있듯이 상위권 대졸 여성들이 중위권이나 하위권 대졸 여성들보
다 '그렇다'고 인식하는 경향이 두드러졌다. 그리고 하위권 대졸 여성과
상위권 대졸 여성 간에는 16.9%포인트나 차이가 났다. 물론 전반적으로
여학생 중심의 취업프로그램 마련이 매우 미비한 수준이어서 여성들이
이를 통해 자본화할 수 있는 부분들은 적어 보이나 대학서열에 따른 여
성 집단 내 차이는 매우 컸다.

〈표IV-10〉 대학서열별 여학생 중심의 취업프로그램 마련 정도(여성)

단위: 명(%)

대학서열	거의 없다	그저 그렇다	잘 되어 있다
상위권	21(47.7)	15(34.1)	8(18.2)
중위권	49(74.2)	15(22.7)	2(3.0)
하위권	40(93.0)	2(4.0)	1(2.3)

한편 "학생들의 취업을 위해 교수가 노력하는 편인가"라는 질문에 대
졸 여성의 15.8%만이 '그렇다'고 응답해 34.5%가 '그렇다'고 응답한 대

졸 남성과 차이를 보였다(p <.001). <표Ⅳ-11>에서 알 수 있듯이 여성 집단 내에서 대학서열에 따른 차이를 엿볼 수 있는데, 중위권 대졸 여성들의 긍정적인 응답률이 가장 높았으며 이는 하위권 대졸 여성들과 비교해 21.1%포인트나 차이가 났다. 여기서 한 가지 흥미로운 사실은 상위권 대졸 여성들의 부정적 인식이 매우 높다는 것이다. 이 집단의 58.1%는 "교수들이 학생들의 취업이나 진로를 위해 노력하지 않는다"고 응답했다.

<표Ⅳ-11> 학생들 취업을 위한 교수의 노력 정도

단위: 명(%)

		거의 노력하지 않는다	그저 그렇다	매우 노력하는 편이다
전 체	남 성	45(32.4)	46(33.1)	48(34.5)
	여 성	76(50.0)	52(34.2)	24(15.8)
	$\chi^2 = 15.760 \quad df = 2 \quad p = .000^{***}$			
여 성	상위권	25(58.1)	13(30.2)	5(11.6)
	중위권	28(42.4)	21(31.8)	17(25.8)
	하위권	23(53.5)	18(41.9)	2(4.7)
	$\chi^2 = 10.481 \quad df = 4 \quad p = .033^{*}$			

■ 유의도수준 : * =p < .05, *** =p < .001

마지막으로 학교조직의 한 부분으로 학생들이 다양한 활동에 참여할 수 있는 기회나 분위기가 조성되어 있는지를 조사해 보았다. 남성중심적 사회에서 일반적으로 남성은 보는 시선으로, 여성은 시각적 대상물로 존재해 왔기 때문에 학생회 활동, 동아리 활동 등에 가입할 수 있는 기회가 남녀 모두에게 열려 있다고 하더라도 선택이나 그 활동 과정에서 남녀가 동일하게 자유롭다고 단정 지을 수는 없다. 이에 "자신이 졸업한 대학의 활동분위기가 자유로웠는지"를 조사한 결과, 여성 집단 내에서 대학서열 간 차이가 뚜렷하게 나타났다(p <.01). <표Ⅳ-12>에서 알 수 있듯이 상위권 대졸 여성의 9.1%만이 '그렇지 않은 편'이라고 응답한 것과 대조적으로 하위권 대졸 여성들의 과반수 정도(51.2%)가 '그렇지 않다'고 응답해 대학서열이 낮아질수록 여학생들에게 재학 중 다양한 활동에 참여할 수 있는 분위기나 기회가 적게 주어졌음을 알 수 있다. 이러한 결과를 보면 각종 활동영역에서 대졸 여성들, 특히 하위권 대졸 여성들의 낮은 참여율은 그들의 개인적인 성향만으로 분석하는 것은 매우 제한된 설명이다. 그들에게 주어지는 적은 기회, 여성에게 우호적이지 않은 분위기 등과 같은 제도적 요인이 영향을 미친다고 보는 것이 더 타당해 보인다.

〈표Ⅳ-12〉 대학서열별 활동분위기(여성)

단위: 명(%)

대학서열	거의 조성되어있지 않다	그저 그렇다	잘 조성되어 있다
상위권	4(9.1)	18(40.9)	22(50.0)
중위권	22(33.3)	23(34.8)	21(31.8)
하위권	22(51.2)	12(27.9)	9(20.9)
$\chi^2 = 19.043$ df $=4$ p $= .001$[**]			

■ 유의도수준 : ** $= p < .01$

각 대학들은 학교의 취업관련 업무를 처리하고 학생들의 취업지도를 담당하는 공식적인 취업지원체계로 취업센터를 두고 있다. 취업센터는 취업과 직결되는 장으로서 학생들의 진로탐색 및 구체적인 진로결정에 많은 영향을 미친다(김지영, 2000: 33). 더구나 IMF 이후 대부분의 기업들이 소수인력을 추천제나 수시채용을 통해 확보하는 경향이 있어서 학교취업센터의 가교 역할이 증가되고 있는 상황이다.

학교취업센터 업무 중의 하나는 학생상담을 통한 취업지도라는 점에서 그리고 학생들의 취업전략을 구체화하는 데 영향을 미친다는 점에서 전문상담가의 배치는 중요하다. 이에 "자신이 졸업한 대학에 전문상담 인력이 배치되어 있었는가"를 조사한 결과, <표Ⅳ-13>에 나타난 것처럼 하위권 대졸 여성들의 2.4%만이 "전문상담인력이 배치되어 있었다"고 응답해 이들이 취업센터 직원과의 상담을 통해 얻을 수 있는 구직기회나 정보 등이 매우 미약했다는 것을 알 수 있다.

<표Ⅳ-13> 대학서열별 전문상담인력 배치(여성)

단위: 명(%)

대학서열	거의 안 되어 있다	그저 그렇다	잘 되어 있다
상위권	12(27.9)	20(46.5)	11(25.6)
중위권	26(39.4)	32(48.5)	8(12.1)
하위권	22(52.4)	19(45.2)	1(2.4)

한편, 취업센터는 취업박람회, 기업설명회, 취업선배와의 간담회 등과 같은 취업행사들을 기획하고 실시한다. 취업행사의 일환으로 "사회에 진출한 동문과 잘 연계가 되어 있는지"를 조사한 <표Ⅳ-14>를 보면 동문활동 참여 정도에서 나타난 경향이 여기서도 그대로 재현되었다. 전체 응답 여성의 14.4%만이 '그렇다'고 응답해 대졸 여성이 상대적으로 사회에 진출한 동문을 통해 사회자본을 획득하기가 힘든 것으로 나타났다. 이러한 경향은 하위권 대졸 여성 집단에서 강했다. 이 집단의 7%만이 '자신이 졸업한 대학이 동문들과 잘 연계되어 있다'고 응답해 하위권 대졸 여성들은 사회자본 형성에 있어 여성, 학벌이라는 이중적인 제약을 받고 있었다.

〈표IV-14〉 동문과의 연계 정도

단위: 명(%)

		거의 없다	그저 그렇다	잘 되어 있다
전 체	남 성	50(36.0)	40(28.8)	49(35.3)
	여 성	86(56.2)	45(29.4)	22(14.4)
	$\chi^2=19.465$　df=2　p=.000***			
여 성	상위권	19(43.2)	14(31.8)	11(25.0)
	중위권	36(54.5)	22(33.3)	8(12.1)
	하위권	31(72.1)	9(20.9)	3(7.0)
	$\chi^2=10.099$　df=4　p=.039*			

■ 유의도수준 : *=p <.05, ***=p <.001

취업행사의 또 다른 일환으로 채용설명회의 개최 정도를 살펴보았는데, 대졸 여성 집단 내에서 대학서열에 따라 채용설명회 개최 횟수에 차이가 나타났다. 상위권 대졸 여성의 52.3%가 '자신이 졸업한 대학에서 채용설명회가 자주 있었다'고 응답한 것과는 대조적으로 하위권 대졸 여성의 14%만이 '그렇다'고 응답했다. 해당 기업의 인사담당자가 대학을 방문해 실시하는 채용설명회는 특정 기업이 원하는 인재상, 취업 노하우 등을 제공한다는 점에서 취업전략을 짜는 데 상당한 도움을 준다. 그런데 이러한 취업설명회가 대학서열에 따라 차별적으로 이루어지면 하위권 대졸 여성들이 접근 가능한 구직정보는 극히 제한될 수밖에 없다.

〈표IV-15〉 대학서열별 기업의 채용설명회 개최 정도(여성)

단위: 명(%)

	거의 없다	그저 그렇다	자주 있는 편이다
상위권	3(6.8)	18(40.9)	23(52.3)
중위권	20(30.3)	29(43.9)	17(25.8)
하위권	17(39.5)	20(46.5)	6(14.0)
$\chi^2=21.166$　df=4　p=.000***			

■ 유의도수준 : ***=p <.001

지금까지 살펴본 사회적 관계, 각종 활동 참여, 대학의 지원체계 등을 모두 합산하여 각 개인의 제도적 사회자본의 총량을 산출한 후 이를 성별과 대학서열에 따라 살펴보았다. <표Ⅳ-16>에 나타난 것처럼, 대졸 남성이 대졸 여성보다 전반적으로 제도적 사회자본을 더 많이 획득한 것으로 나타났으며 각 집단 내 대학서열에 따른 차이도 매우 뚜렷했다. 특히 여성 집단 내 대학서열 간 차이가 남성 집단 내 그것보다 더 뚜렷하였다. 이러한 일련의 결과들을 통해 대학이 제도적 사회자본의 형식을 통해 대졸 여성의 구직과정에 중요한 역할을 하고 있으며 상위권 대학과 남성중심으로 제도적 사회자본이 집중되어 있다는 것을 알 수 있다. 이러한 상황에서 대졸 여성, 특히 하위권 대졸 여성은 그들이 처한 구조적 제약 요인으로 인해 제도적 사회자본을 획득하기가 매우 힘들다고 하겠다. 하지만 문제는 이러한 차등적 자본 분배 경향이 성별, 대학서열에 따른 취업률과 일치한다는 데 있다. 이에 대한 자세한 논의를 다음 절에서 살펴보기로 하겠다.

<표Ⅳ-16> 성별, 대학서열별 제도적 사회자본 형성 정도

		사례수	평 균	F	유의확률
전 체	남 성	133	.97	14.643	.000***
	여 성	148	-.95		
남 성	상위권	53	2.24	5.860	.004**
	중위권	50	.76		
	하위권	30	-.91		
여 성	상위권	42	.89	12.512	.000***
	중위권	64	-.61		
	하위권	42	-3.29		

■ 유의도수준 : ** =p 〈 .01, *** =p 〈 .001
■ 참고 : 표에 제시된 평균값은 사회적 관계, 활동 참여, 대학의 구직환경을 통해 획득한 제도적 사회자본의 총량에 대한 값임

대졸 여성들이 대졸 남성들에 비해 제도적 사회자본을 획득하기가 힘들다는 지금까지의 분석을 기반으로 제도적 사회자본이 대졸 여성의 구직에 어떤 영향을 미치는지를 분석해 보겠다. 노동시장에서 사회자본을 고려한다는 것은 노동시장이 사회자본에 의해 좌우되는 역동적인 장이라는 것을 염두에 둔 것이다. 왜냐하면 노동시장은 노동력의 수요와 공급에 따른 자율경쟁의 장이 아닌 시장논리와 상관없는 사회적 교환이 존재하는 장이기 때문이다.

제도적 사회자본과 구직 간의 관련성을 살펴보기 위해 고용상태, 고용형태, 기업규모별로 획득한 제도적 사회자본에 차이가 나타나는지를 살펴보았다. <표IV-17>을 보면 전반적으로 취업자들이 미취업자들보다 더 많은 제도적 사회자본을 갖고 있었다. 이를 성별로 살펴보았을 때도 같은 경향을 보이는데, 남녀 모두 미취업자들보다 취업자들이 더 많은 제도적 사회자본을 획득했다(p <.001). 또한 대졸 여성 집단에서 취업자와 미취업자 간의 제도적 사회자본의 차이가 대졸 남성 집단의 그것보다 더 커 여성들의 구직이행과정에 제도적 사회자본의 효과가 더 크게 작용한다고 하겠다.

〈표IV-17〉 고용상태별 남녀 대졸자의 제도적 사회자본 형성 정도

	고용상태	사례수	평균	F	유의확률
전　체	미취업	116	−2.99	31.176	.000[***]
	취　업	166	4.01		
남　성	미취업	75	−.13	11.710	.001[**]
	취　업	58	5.99		
여　성	미취업	91	−5.35	19.006	.000[***]
	취　업	57	2.00		

■ 유의도수준 : ** =p 〈.01, *** =p 〈.001
■ 참고 : 종속변수인 제도적 사회자본은 사회적 관계, 활동 참여, 대학의 구직환경과 관련된 문항점수를 표준화 점수로 변환한 후 합산한 점수임.

다음으로 제도적 사회자본이 대졸 여성의 취업결과에 어떤 영향을 미치고 있는지를 살펴보기 위해 고용상태를 종속변수로 상정한 후 로짓분석을 실시하였다. <표Ⅳ-18>에 제시된 수치는 제도적 사회자본 중 대졸여성의 고용상태를 결정하는 요인들을 나타낸 것이다. 학교취업센터 직원과의 관계, 교수와의 관계, 아르바이트 경험, 채용설명회 참여, 취업관련 과목 수강, 기업과의 연계 프로그램, 전문상담원 배치, 학생들의 취업을 위한 교수의 노력, 활동분위기 등이 대졸 여성의 고용상태에 영향을 주는 요인으로 나타났다.

<표Ⅳ-18> 고용상태를 결정하는 제도적 사회자본 유형(여성)

		계수(exp B)	표준오차
사회적 관계	취업 선배	.427(1.532)	.348
	취업센터 직원	−.939(.391)*	.405
	교 수	.626(1.871)*	.299
활동 참여	고등학교 동문회	.265(1.303)	.264
	아르바이트	−.693(.500)*	.279
	인 턴	.423(1.526)	.255
	채용설명회	.525(1.690)*	.265
	취업과목 수강	−.407(.666)	.269
대학의 구직환경	대학−기업연계	.894(2.445)**	.320
	여학생중심프로그램	.219(1.245)	.269
	전문상담원	.718(2.050)*	.328
	활동분위기	.694(2.002)**	.265
	교수 노력	−876(.416)**	.288
상 수		−.491(.612)	.240
−2log우도		130.213***	

■ 미취업=0, 취업=1 ■ 유의도수준 : * =p〈.05, ** =p〈.01, *** =p〈.001
■ 참고 : 독립변수인 제도적 사회자본은 사회적 관계, 활동 참여, 대학의 구직환경과 관련된 문항점수를 표준화 점수로 변환한 후 합산한 점수임. 다중공선상의 문제를 해결하기 위해 독립변수 간에 상관이 높은 변수(p〈.01)는 제외했음(제외된 변수: 학과 이외의 선배, 동아리활동, 학생회활동, 교내취업특강, 동문간담회, 체계적인 진로개발 프로그램, 동문과의 연계정도, 취업자료의 구비, 채용설명회. 취업환경의 특성화)

우선, 사회적 관계에서는 학교취업센터 직원과 취업에 관해 이야기를 나눌수록(1표준편차가 증가할 때) 취업 가능성은 오히려 낮아졌다(.391 표준편차 감소). 앞으로 살펴보겠지만 이러한 경향은 취업센터의 남학생 중심적 프로그램 기획과 여학생을 위한 전문상담원의 부재 속에서 이루어지는 상담환경 때문이다. 이는 대학의 구직환경 요인 중 전문상담원이 배치되어 있을수록 대졸 여성의 취업 가능성이 크게 증가하는 것을 보면 알 수 있다(독립변수가 1표준편차 증가할 때 종속변수는 2.050 표준편차 증가).

또한 교수와 취업에 관해 의사소통할수록 취업 가능성은 증가하였다. 전공교수와의 관계 형성이 대졸 여성들의 진로를 결정하고 이를 구체적인 실천으로 옮기는 데 도움이 된다는 것은 의미 있는 결과이다. 그런데 문제는 <표Ⅳ-1>에서 살펴보았듯이, 대학서열에 상관없이 대부분의 대졸 여성들이 재학시절 교수와 관계 맺기를 힘들어했다는 것과 학생들의 취업을 위해 교수가 노력할수록 오히려 대졸 여성의 취업 가능성은 줄어든다는 것이다. 이는 현재 여학생들이 교수와 관계설정이 힘든 상황에서 교수의 노력이 남학생에게 초점이 맞추어져 있기 때문이다. 취업센터 직원과의 관계처럼 교수의 노력이 남학생 위주로 초점이 맞추어져 있다면 여학생들의 취업은 상대적으로 소홀하게 취급될 수밖에 없다. 하지만 교수와의 개별적인 관계에서 취업과 관련해 도움을 받았다면 그것은 여학생들의 취업 가능성을 증가시킨다. 따라서 대졸 여성의 취업 가능성을 증가시키기 위해서 교수와 여학생들 간의 관계를 돈독히 할 수 있는 계기들이 마련될 필요가 있어 보인다.

활동 참여에 있어서는 아르바이트 경험이 부정적 영향을 주는 것으로 나타났는데, 다른 조건이 동일할 경우 아르바이트에 적극적으로 참여했을수록 취업 가능성은 오히려 낮아졌다. 이는 앞서 설명했듯이 아르바이트 경험 자체가 과외 및 서비스 부분에만 집중되어 있어서 취업에는 실질적으로 도움이 되지 않는 것으로 보인다. 반면에 채용설명회의 참여는 대졸 여성의 취업 가능성을 증가시켰다. 한편, 대학의 취업지원체제 중에서는 산학협동과정이 가장 큰 영향력을 주는 것으로 나타났다. 대학―기업 간의 연계 프로그램이 많을수록 대졸 여성들의 취업 가능성은 가장 크게 증가하였다(기업연계 프로그램이 1표준편차 증가할 때 가능성은 2.445표준편차 증가). 또한 전문상담인력이 취업센터에 배치되어 있을수록 대졸 여성의 취업 가능성은 증가하였다. 다른 조건이 동일할 경우 다양한 활동에 참여할 수 있는 분위기가 대학에 조성되어 있을수록 대졸 여성의 취업 가능성은 증가하였다.

지금까지 일련의 분석 과정을 통해 제도적 사회자본이 대졸 여성의 취업에 영향을 준다고 말할 수 있는데, 문제는 대졸 여성이 제도적 사회자본을 형성하기가 힘들다는 것이다. 특히, 대졸 여성의 취업에 통계적으로 유의미한 정적인 영향을 주는 교수와의 관계, 대학―기업 간의 연계 프로그램, 여학생 중심 프로그램, 자유로운 활동분위기, 전문상담원 배치 등에 있어서 대졸 여성들의 사회자본 형성이 매우 어렵다는 것이다.

2. 대졸 여성의 제도적 사회자본 형성의 제약 요인

여성이 남성보다 제도적 사회자본을 획득하기 힘든 반면 노동시장에 미치는 영향력은 크다는 연구결과를 바탕으로 대졸 여성의 제도적 사회자본 획득에 영향을 주는 요인이 무엇인지 분석하기 위해 회귀분석을 실시하였다.

1) 개인적 요인

제도적 사회자본 획득에 영향을 주는 개인적 요인으로 성별, 계층, 취업준비 정도를 살펴보았다. <표IV-19>에 제시된 분석결과를 살펴보면, 남녀 모두를 포함해 제도적 사회자본을 획득할 수 있는 개인적 요인을 추정한 전체 모형식에서는 성별 더미, 세부적인 취업준비 정도 등이 통계적으로 유의미한 영향을 주었다. 대졸 여성만을 대상으로 한 모형식에서는 계층더미, 세부적인 취업준비 정도가 제도적 사회자본 획득에 영향을 주는 것으로 나타났다.

이러한 분석결과를 자세히 살펴보면, 다른 조건이 동일한 경우 여성이 제도적 사회자본을 획득할 가능성이 낮아졌다. 계층 역시 영향을 주는 것으로 나타났는데 상류층에서 하류층으로 갈수록 제도적 사회자본을 획득할 가능성은 줄어들었다. 그리고 다른 조건이 동일한 경우, 취업준비를 많이 한 사람일수록 제도적 사회자본을 획득할 가능성이 높아졌다.

〈표Ⅳ-19〉 제도적 사회자본 형성에 영향을 주는 개인적 요인

독립변인	전 체		여 성	
	계 수	표준오차	계 수	표준오차
Dsex	$-4.394(.012)^{***}$	0.504		
Dhire1	$-.188(.828)$	0.588	$-.148(.862.)^{*}$	0.864
Dhire2	$-.075(.928)$	0.604	$.024(1.024)$	0.820
Zscore	$.020(1.020)$	0.254	$-.111(.895)$	0.360
Zability	$.322(1.380)^{***}$	0.264	$.255(1.290)^{**}$	0.388
Zlicence	$-.288(.750)$	0.262	$.006(1.006)$	0.370
R^2(수정된 R^2)	$.420(.158)^{***}$		$.320(.068)^{*}$	

- 성별0 = 여성 ■ 계층0 = 상류층, ■ 대학서열0 = 상위권
- 유의도수준 : * =p 〈 .05, ** =p 〈 .01, *** =p 〈 .001
- 참고 : 종속변수인 제도적 사회자본은 사회적 관계, 활동 참여, 대학의 구직환경과 관련된 문항점수를 표준화 점수로 변환한 후 합산한 점수임

2) 구조적 요인

제도적 사회자본 획득에 영향을 줄 것으로 예상되는 구조적 요인으로 대학의 성차별적 환경, 대학서열을 상정하였다. 1차적으로 대학의 성차별적 환경에 대한 성별 간 인식의 차이를 살펴보고, 대학서열과 더불어 대졸 여성의 제도적 사회자본 획득에 어떤 영향을 주고 있는지를 분석하였다.

대졸 여성들이 재학 중 제도적 사회자본을 어느 정도 획득하느냐는 일정 정도 4년 동안 생활해 온 대학의 성차별적 환경과도 관련이 있다. 대학교육은 가정과 노동시장에서의 성별분업과 분리될 수 없으며 이러한 불평등한 교육은 현 사회의 차별적 성구조의 특성을 강화하고 재생산한다. 이러한 인식을 기반으로 왜 동일한 대학서열에서도 성별에 따라 획득한 제도적 사회자본의 양이 달라지는지를 대학 내부에서 찾아보았다.

남성 지배적 문화는 여성들로 하여금 남성들과의 대화에 자신들을 합류시키는 데 어려움을 느끼게 만들거나 아예 거리를 두게 만드는 경우가 많다. 양자 모두의 경우에서 여성들은 항상 불편함을 느끼는 것이 사실이다(Petraki, 1993). 이와 같은 가부장제 문화 속에서 대학교육이 자리매김된다는 것을 감안하면 대학문화는 남성중심적 관점과 경험을 전달하며 여성들을 사회적 권력관계로부터 소외시키는 장이다. 이에 "대학문화가 남성중심적인가"를 질문한 결과, <표Ⅳ-20>에 나타났듯이 여성의 58.8%가 남성의 42.1%가 '그렇다'고 응답했다(p <.05).

〈표Ⅳ-20〉 성별 간 남성중심적 대학문화 인식 정도

단위: 명(%)

성 별	그렇지 않다	그렇다	모르겠다
남 성	57(40.7)	59(42.1)	24(17.1)
여 성	48(31.4)	90(58.8)	15(9.8)
$\chi^2=8.738$ df=2 p=.013[*]			

■ 유의도수준 : * =p〈.05

이러한 대학문화의 남성중심성은 여성놀이 문화의 부재라는 문제와 관련이 있다. 놀이문화는 인간관계를 형성하는 데 공통의 화제나 관심거리가 존재하지 않을 때 서로를 묶어주는 작용을 한다(이은주, 2000: 50).

〈표Ⅳ-21〉 성별 간 여성놀이문화 부재의 인식 정도

단위: 명(%)

성 별	그렇지 않다	그렇다	모르겠다
남 성	64(45.7)	47(33.6)	29(20.7)
여 성	56(36.6)	74(48.4)	23(15.0)
전 체	120(41.0)	121(41.3)	52(17.7)
$\chi^2 = 6.687$　df$=2$　p$=.035^*$			

■ 유의도수준 : * =p 〈 .05

<표Ⅳ-21>을 보면, 대졸 여성의 48.4%가 "여성들 간의 관계를 돈독히 할 만한 놀이문화가 없다"고 응답해 33.6%의 응답률을 보인 남성과 차이를 보였다. Bourdieu가 언급한 것처럼 사회적 관계망이 재생산되기 위해서는 조직에 끊임없이 참여해야 하는데 이러한 참여를 유인할 만한 제도 마련이 빈약하다는 사실은 여성들 간의 사회적 관계망 형성과 유지를 힘들게 만드는 한 요인이다. 실제로 남성들 간에는 서로의 관계를 형성할 수 있는 문화들이 일상화되어 있어서 남성들 간의 불화는 쉽게 풀리고 이를 계기로 서로의 관계가 더욱 돈독해진다. 하지만 여성들의 경우는 이것을 풀 수 있는 방법이 제한되어 있어 한번 어긋난 관계를 회복하기란 무척 어려운 것이 현실이다.

한편, 대학 안에서 제공되는 각종 기회들은 대졸 여성들이 제도적 사회자본에 접근하고 활용할 수 있는 기회라는 점에서 의미가 있다. 이에 교수와 취업센터를 중심으로 이루어지는 기회분배에 있어 차별은 없었는지를 조사해 보았다. 실험이나 프로젝트 등을 남학생들과 수행함으로써 교수와 남학생들 간의 우호적인 사회적 관계망은 자연스럽게 형성되

고 이는 나중에 취업추천 시 남학생들을 우선시하는 분위기를 만들게 된다. 이에 "교수와의 작업은 주로 남학생들이 하는가"라는 질문을 해 보았다. <표Ⅳ-22>를 보면 상위권 대졸 여성들이 '그렇다'고 응답한 비율이 가장 높다. 이러한 결과를 통해 다른 대학서열군에 비해 교수와의 작업 기회가 많은 상위권 대학에서도 '남학생-교수 중심관계'틀이 유지되며 이러한 관계유형에서 여성이 소외되고 있음을 알 수 있다.

<표Ⅳ-22> 대학서열별 남학생-교수 중심의 작업 수행 정도(여성)

단위: 명(%)

대학서열	그렇지 않다	그렇다	모르겠다
상위권	20(45.5)	20(45.5)	4(9.1)
중위권	27(40.9)	24(36.4)	15(22.7)
하위권	11(25.6)	17(39.5)	15(34.9)
	$\chi^2=9.614$ df=4 p=.047*		

■ 유의도수준 : *=p < .05

한편, <표Ⅳ-23>을 보면 "교수는 취업추천 시 남학생을 우선시하는가"라는 질문에 대졸 남성의 31.4%, 대졸 여성의 44.4%가 '그렇다'고 응답해 대졸 여성들이 사회자본의 활용 측면에서도 대졸 남성들과 동등하지 않았다는 것을 알 수 있다. 이러한 이유 때문에 <표Ⅳ-18>에 나타났듯이 교수가 학생들의 취업에 대해 노력할수록 여학생들의 취업 가능성은 오히려 낮아진 것으로 보인다.

<표Ⅳ-23> 성별 간 교수의 추천기회의 불평등 인식 정도

단위: 명(%)

	그렇지 않다	그렇다	모르겠다
남 성	54(38.6)	44(31.4)	42(30.0)
여 성	35(22.9)	68(44.4)	50(32.7)
전 체	89(30.4)	112(38.2)	92(31.4)
	$\chi^2=9.336$ df=2 p=.009**		

■ 유의도수준 : **=p < .01

실질적으로 대졸 여성들의 41.8%가 "인턴쉽 기회에서도 남학생들을 우선시한다"고 응답하였다. <표IV-24>에 제시되어 있는 것처럼, 대졸 남성의 24.3%만이 '그렇다'고 인식해 남성들 대부분은 취업기회가 성차별적으로 이루어지지 않고 있다고 생각하고 있었다.

<표IV-24> 성별 간 인턴쉽 기회의 불평등 인식 정도

단위: 명(%)

성 별	그렇지 않다	그렇다	모르겠다
남 성	68(48.6)	34(24.3)	38(27.1)
여 성	38(24.8)	64(41.8)	51(33.3)
전 체	106(36.2)	98(33.4)	89(30.4)
$\chi^2 = 19.034$ df $=2$ p $=.000$***			

■ 유의도수준 : *** =p 〈.001

요즘의 취업관행이 취업경력을 중요시한다는 점을 고려하면 이러한 기회의 불평등으로 인한 문제의 심각성은 매우 크다. 기업 측에서는 경제불황에 대응하는 방식으로 신규채용을 억제하고 있으며, 신규채용을 하더라도 수시채용을 하는 경향이 많기 때문에 그 어느 때보다 취업과 관련된 경력을 중요시한다. 이러한 상황에서 인턴쉽처럼 취업경력을 쌓을 수 있는 기회가 남학생들에게 우선적으로 주어진다면 여학생들의 취업은 더욱 어려워질 수밖에 없다.

또한 이러한 경향은 "취업센터에서 남학생을 우선적으로 추천하는가"라는 질문에서도 그대로 드러나는데, <표IV-25>를 보면 여성 응답자의 32.7%가 '그렇다'고 응답한 반면 남성의 41.3%가 '그렇지 않다'고 응답해 남녀간에 인식의 차이를 보이고 있다. 기업 측이 여성보다 남성을 더 선호하기 때문에 학교취업센터에서는 취업률을 높이기 위해 남학생들을 우선 추천하는 것이 현실이다. 이러한 불평등한 기회분배를 상위권 여학생들이 더 많이 느끼고 있다는 것은 흥미로운 사실이다. 상위권 대졸 여성의 45.5%가 '그렇다'고 응답해 이들이 기회분배에서 인식하는 문제의 심각성이 매우 높다는 것을 알 수 있다.

<표Ⅳ-25> 학교취업센터의 남학생 위주의 취업추천에 대한 인식 정도

단위: 명(%)

		그렇지 않다	그렇다	모르겠다
전 체	남 성	57(41.3)	42(30.4)	39(28.3)
	여 성	43(28.1)	50(32.7)	60(39.2)
	$\chi^2=6.345$　df=2　p=.042[*]			
여 성	상위권	10(22.7)	20(45.5)	14(31.8)
	중위권	25(37.9)	18(27.3)	23(34.8)
	하위권	8(18.6)	12(27.9)	23(53.5)
	$\chi^2=10.333$　df=4　p=.035[*]			

■ 유의도수준 : * =p〈.05

　이러한 경향은 학교취업정보센터에서 주관하는 각종 프로그램에서도 알 수 있다. <표Ⅳ-26>을 보면 "취업강좌가 남성중심적어서 이를 활용하기 힘들었는가"라는 질문에 상위권 대졸 여성의 52.3%가 '그렇다'고 응답해 이러한 성차별적 취업준비과정에 부정적인 태도를 나타냈다. 여성은 가정생활과 직장생활에서 갈등을 일으키는 경우가 많기 때문에 남성과 다른 정보의 종류와 질을 필요로 하는 데도 대학이 이를 반영하지 못하고 있다. 일반적으로 남녀공학에서는 남학생에 비해 여학생 수가 상대적으로 적기 때문에 남학생을 중심으로 프로그램을 준비하고 여학생 프로그램은 남학생 위주의 프로그램 내에 '끼어주는 식'이다(김지영, 2000: 43). 따라서 취업프로그램 대부분이 여학생의 관심을 끌지 못하고 취업센터에서는 여학생의 취업특강을 마련해도 여학생들의 참여가 저조하기 때문에 그 필요성을 느끼지 못하는 등의 상황이 반복되고 있다.

<표IV-26> 대학서열별 남학생 위주의 취업강좌 인식 정도(여성)

단위: 명(%)

대학서열	그렇지 않다	그렇다	모르겠다
상위권	12(27.3)	23(52.3)	9(20.5)
중위권	23(34.8)	20(30.3)	23(34.8)
하위권	13(30.2)	8(18.6)	22(51.2)
$\chi^2 = 14.040$ df$=4$ p$=.007^{**}$			

■ 유의도수준 : ** =p〈.01

실제로 여성, 하위권 대졸자들이 취업한 선배나 동기들로부터 받는 도움이 남성, 상위권 대졸자 집단보다 취약한 것으로 나타났다. <표IV-27>을 보면, 대졸 여성이 대졸 남성보다 선배나 교수로부터 도움을 받는 경우가 적었다(p <.01). 이러한 결과는 사회적 관계망으로부터 획득할 수 있는 사회자본뿐만 아니라, 이에 대한 활용 역시 성별과 대학서열에 따라 차이가 나타나고 있음을 제시하는 근거이다. 이에 대한 자세한 논의는 V장에서 하겠지만 상위권 대졸자 및 남성이 다른 집단에 비해 취업률이 높고, 이들이 취업한 선배나 교수로부터 더 많은 도움을 받고 있다는 것을 보면 이들로부터 받는 도움의 정도가 취업과 밀접하게 관련되어 있다고 하겠다.

<표IV-27> 성별 간 도움 정도의 차이

단위: 명(%)

성 별	차이가 없다	차이가 있다	모르겠다
남 성	49(35.0)	39(27.9)	52(37.1)
여 성	43(28.1)	72(47.1)	38(24.8)
$\chi^2 = 11.826$ df$=2$ p$=.003^{**}$			

■ 유의도수준 : ** =p〈.01

동일한 맥락에서 "같은 대학 및 학과를 다녀도 교수나 선배로부터 받는 도움이 성별에 따라 다른 편인가"라는 질문에 대졸 여성들이 대졸 남성들보다 '그렇다'고 응답한 비율이 높게 나타났다. <표Ⅳ-28>의 결과는 동일한 대학에 소속되어 있어도 그 안에서 획득할 수 있는 제도적 사회자본이 달라질 뿐 아니라 그 효과도 다를 수 있다는 것을 제시한다. 학교조직 안에서 사회적 관계망을 분석한 Rothstein & Davey(1995)의 연구를 보더라도 여성은 남성에 비해 사회심리적 후원을 더 많이 받는 것으로 나타났다. 이는 남성들이 주로 그들의 선배나 멘토로부터 경력 후원을 받는 것과는 다른 양상이다.

〈표Ⅳ-28〉 성별 간 도움 유형의 차이

단위: 명(%)

성 별	다르지 않다	다르다	모르겠다
남 성	62(44.3)	50(35.7)	28(20.0)
여 성	48(31.4)	77(50.3)	28(18.3)
	$\chi^2=6.959$ df=2 p=.031[*]		

■ 유의도수준 : * =p 〈 .05

그렇다면 구체적으로 어떤 성차별적 요인으로 인해 제도적 사회자본 형성의 성별 간 차이가 나타나는 것일까? 이를 알아보기 위해 종속변인을 각 개인이 형성한 제도적 사회자본으로 산정하고 이에 영향을 주는 독립변인으로 대학의 성차별적 환경과 대학서열을 산정해 중다회귀분석을 실시하였다. <표Ⅳ-29>를 보면, 더미 대학서열과 대학의 성차별적 환경 중 일부가 대졸 여성의 제도적 사회자본 형성에 영향을 주는 것으로 나타났다. 다른 조건이 동일한 경우 하위권 대학으로 갈수록 제도적 사회자본의 획득 가능성은 줄어들었으며 특히 상위권과 하위권 대졸자 간의 획득 가능한 사회자본의 차이는 매우 컸다. 대학의 성차별적 환경 중에는 남학생-교수와의 작업, 성별에 따른 실질적인 도움 유형의 차이가 통계적으로 유의미한 영향을 주었다. 다른 조건이 동일할 경우 교수들이 실험, 프로젝트 등의 작업을 주로 남학생과 같이 할수록 대졸 여성들이 제도적 사회자본을 획득할 가능성은 줄어들었다. 또한 동일한 전공이나 학교를 졸업했어도 성별에 따라 선배나 교수로부터 도움 정도의 차이가 있을 경우 대졸 여성들의 제도적 사회자본 형성 가능성은 줄어들었으며 이 변수의 설명력이 가장 큰 것으로 나타났다.

〈표Ⅳ-29〉 대졸 여성의 제도적 사회자본 형성에 영향을 주는 구조적 요인

	독립변인	전 체		여 성	
		계수(exp B)	표준오차	계수(exp B)	표준오차
대학 서열	DU1	−.134(.87)	.509	−.108(.90)[*]	.705
	DU2	−.290(.75)[***]	.584	−.382(.68)[***]	.804
대학의 성차별적 환 경	남학생 – 교수 중심의 작업	−.130(.89)[**]	.303	−.166(.85)[**]	.393
	교수의 남학생 위주의 취업추천	.044(1.04)	.301	.086(1.09)	.378
	여성놀이문화 부재	.028(1.03)	.312	.032(1.03)	.419
	남성중심적 대학문화	.046(1.05)	.330	.035(1.04)	.489
	취업센터의 남학생 우선 추천	.016(1.02)	.341	.049(1.05)	.419
	남학생 중심의 취업강좌	.011(1.12)	.340	.024(1.02)	.419
	인턴쉽 과정 추천 시 남학생 우선	.044(1.55)	.342	.062(1.06)	.397
	성별에 따른 실질적인 도움 유형의 차이	−.456(.63)[***]	.269	−.471(.62)[***]	.361
	성별에 따른 실질적인 도움 정도의 차이	.040(1.49)	.317	.080(1.08)	.420
	R^2(수정된 R^2)	.592(.323)[***]		.630(.348)[***]	

- 표에 제시된 계수는 표준화된 Beta계수. ■ 유의도수준 : * =p 〈.05 ** =p 〈.01
- 참고 : 종속변수인 제도적 사회자본은 사회적 관계, 활동 참여, 대학의 구직환경과 관련된 문항점수를 표준화 점수로 변환한 후 합산한 점수임.

　지금까지 일련의 분석을 통해 대학의 성차별적 환경과 대학서열에 따른 성별 간 사회자본의 불균등한 분배로 인해 대졸 여성, 특히 하위권 대졸 여성들이 제도적 사회자본을 획득하기 힘들다는 것을 알 수 있었다. 이러한 측면에서 대학은 제도적 사회자본이라는 형식을 통해 대졸 여성의 취업에 중요한 역할을 하고 있으며 여성들의 노동시장 내 위치를 재생산시킨다고 하겠다.

V. 대졸 여성의 제도적 사회자본 활용

1. 대졸 여성의 구직경로와 효과

대졸 여성들의 취업결과는 일정 정도 그들이 활용하는 사회자본에 영향을 받는다. Stevens(1973)에 의하면 노동시장에서의 성공은 "양질의 정보를 얻을 수 있는가"에 달려 있으며 이러한 정보 획득은 적절한 구직경로의 사용과 관련이 있다(박창남, 1999: 23). <표 V-1>에 제시되어 있듯이 '구직과정에서 주로 사용한 구직경로가 무엇인가'를 조사한 결과, 성별에 상관없이 남녀 대졸자 대부분이 인터넷을 가장 많이 사용했으며, 그 다음으로 매스컴, 학교취업센터, 대학동기나 선배 등을 통해 직장을 알아본 것으로 나타났다. 높은 인터넷 이용비율은 우리사회의 인터넷 보급률이 78.4%에 육박하고 있고(www.index.go.kr) 대학생 집단이 인터넷 활용률이 가장 높은 집단이라는 점을 고려하면 이해될 수 있다.

〈표V-1〉 남녀 대졸자가 가장 많이 사용한 구직경로

단위: 명(%)

	남	성		전 체	여	성		전 체
	상위권	중위권	하위권		상위권	중위권	하위권	
매 스 컴	10(18.9)	11(20.8)	7(21.2)	28(20.1)	4(9.1)	9(13.6)	4(9.3)	17(11.1)
인 터 넷	20(37.7)	33(62.3)	17(51.5)	70(50.4)	23(52.3)	48(72.7)	25(58.1)	96(62.7)
학교취업센터	9(17.0)	1(1.9)	0(.0)	10(7.2)	8(18.2)	4(6.1)	2(4.7)	14(9.2)
교 수	2(3.8)	2(3.8)	1(3.0)	5(3.6)	3(6.8)	0(.0)	1(2.3)	4(2.6)
대학동기, 선배	8(15.1)	2(3.8)	2(6.1)	12(8.6)	1(2.3)	0(.0)	1(2.3)	2(1.3)
학과 취업공고	1(1.9)	1(1.9)	1(3.0)	3(2.2)	2(4.5)	2(3.0)	1(2.3)	5(3.3)
특별 채용	1(1.9)	1(1.9)	1(3.0)	3(2.2)	2(4.5)	0(.0)	2(4.7)	4(2.6)
가족 / 친지	2(3.8)	1(1.9)	2(6.1)	5(3.6)	1(2.3)	1(1.5)	2(4.7)	4(2.6)
기 타	0(.0)	1(1.9)	2(6.1)	3(2.2)	0(. 0)	2(3.0)	5(11.6)	7(4.6)

이를 성별로 세분화해 보면 대졸 여성들(62.7%)의 인터넷 이용률이 대졸 남성들(50.4%)의 그것보다 훨씬 더 높다. 그 다음 순으로 남성들은 매스컴(20.1%), 대학동기나 선배(8.6%), 학교취업센터(7.2%) 등을 이용한 반면 여성들은 매스컴(11.1%), 학교취업센터(9.2%) 등을 통해 직장을 알아본 것으로 나타나 상대적으로 여성들의 제도적 사회자본의 활용비율이 낮았다.

한편, 대졸 여성 집단 내 대학서열에 따른 차이를 보면 '인터넷'을 가장 많이 사용한 집단은 중위권 대졸 여성, '학교취업센터'와 '교수'를 통한 구직정보 획득은 상위권 대졸 여성, '가족 및 친지'를 통한 구직정보 획득은 하위권 대졸 여성들이 상대적으로 높았다. 따라서 성별과 대학서열에 따라 직업탐색을 위해 자주 활용한 구직경로가 다르다고 하겠다. 상위권 대졸 남녀 집단이 학교 취업센터, 교수와 같은 제도적 사회자본을 가장 많이 활용했으며 하위권 남녀 대졸 집단은 가족 및 친지 등 개인적 사회자본의 활용비율이 가장 높으며 중위권 대졸 여성 집단은 인터넷, 매스컴과 같은 공개지원 방식을 가장 많이 활용하였다.

　이러한 집단 간 차이는 획득한 제도적 사회자본과 관련이 있어 보인다. <표Ⅴ-2>를 보면, 재학 중 제도적 사회자본을 많이 형성한 집단일수록 학교취업센터, 교수, 대학동기나 선배, 특별 채용과 같은 제도적 사회자본을 활용해서 직장을 알아본 경향이 높았다.

<h3 align="center">〈표Ⅴ-2〉 구직경로별 제도적 사회자본 획득 정도(여성)</h3>

주로 이용한 구직경로	사례수	평균	F	유의확률
개인적 사회자본	2	-2.29		
제도적 사회자본	29	1.20		
공식적인 방법	110	-1.30	4.319	.006[**]
기　　타	7	-3.93		
합　　계	148	-.95		

- 유의도수준 : ** =p 〈 .01
- 참고 : 종속변수인 제도적 사회자본은 사회적 관계, 활동 참여, 대학의 구직환경과 관련된 문항점수를 표준화 점수로 변환한 후 합산한 점수임.

　한편 취업자들을 대상으로 그들의 실제 구직경로를 조사한 <표Ⅴ-3>을 보면, 남녀와 상관없이 인터넷(28.6%), 학교취업센터(22.7%), 교수(10.1%), 특별 채용(10.1%) 등을 통해 취업한 것으로 나타났다. 이를 성별에 따라 비교해 보면, 취업 남성의 27.4%가 학교취업센터를 통해 첫 직장을 구한 반면, 취업 여성의 35.1%는 인터넷을 통해 취업하였다. 그 다음 순으로 남성들은 인터넷(22.6%), 교수(16.1%), 특별 채용(16.1%)을, 여성들은 학교취업센터(17.5%), 매스컴(12.3%)을 통해 취업했다. 이러한 결과는 성별에 따라 취업경로가 다르다는 점과 부분적으로나마 대졸 여성의 빈약한 제도적 사회자본의 활용을 드러낸다. 또한 대졸 여성들은 대학서열에 따라서도 실제 구직경로가 다르게 나타났다. 상위권 대졸 여성은 학교취업센터와 대학동기나 선배들을 통해서, 중위권 대졸 여성은 인터넷을 통해서, 하위권 대졸 여성은 가족 및 친지를 통해 취업한 비율이 높았다.

<표Ⅴ-3> 남녀 대졸자의 실제 구직경로

단위: 명(%)

	남 성			전 체	여 성			전 체
	상위권	중위권	하위권		상위권	중위권	하위권	
매 스 컴	1(3.8)	1(3.7)	0(.0)	2(3.2)	3(15.0)	2(7.1)	2(22.2)	7(12.3)
인 터 넷	2(7.7)	10(37.0)	2(22.2)	14(22.6)	2(10.0)	17(60.7)	1(11.1)	20(35.1)
학교취업센터	12(46.2)	4(14.8)	1(11.1)	17(27.4)	7(35.0)	2(7.1)	1(11.1)	10(17.5)
교 수	3(11.5)	3(11.1)	4(44.4)	10(16.1)	1(5.0)	1(3.6)	0(.0)	2(3.5)
대학동기, 선배	3(11.5)	2(7.4)	0(.0)	5(8.1)	4(20.0)	2(7.1)	0(.0)	6(10.5)
학과 취업공고	0(.0)	1(3.7)	0(.0)	1(1.6)	1(5.0)	2(7.1)	1(11.1)	4(7.0)
특별 채용	5(19.2)	4(14.8)	1(11.1)	10(16.1)	2(10.0)	0(.0)	0(.0)	2(3.5)
가족 / 친지	0(.0)	2(7.4)	1(11.1)	3(4.8)	0(.0)	2(7.1)	4(44.4)	6(10.5)

　　남녀 대졸자의 실제 구직경로를 제도적 사회자본, 개인적 사회자본, 공개지원 방식으로 재분류해 살펴보면, 전체 응답자 중 사회자본을 활용해 취업한 비율은 64.1%로, 대부분의 응답자들이 인터넷과 같은 공개지원 방식보다는 사회적 관계망에 의존하고 있음을 알 수 있다. 이 수치는 대다수의 응답자들(75.7%)이 인터넷이나 매체와 같은 공개지원 방식을 '가장 많이 사용했다'고 응답한 것과 차이를 보인다. 이처럼 공개지원 방식을 주로 활용했다고 응답한 것과 달리 사회자본을 통해 취업한 것을 보면 대졸자들이 진입하는 노동시장이 개인의 능력에만 좌우되는 것이 아니라 보이지 않는 사회적 관계망이 작동되는 시장임을 알 수 있다.

　　응답자들의 실제 구직경로가 대학 재학 중 획득한 제도적 사회자본과 관련이 있는지를 분석한 <표Ⅴ-4>를 보면, 실제로 취업한 여성들 중 제도적 사회자본을 통해 취업한 여성들이 제도적 사회자본을 가장 많이 갖고 있었다. 그리고 공식적인 방법을 통해 취업한 여성들보다 개인적 사회자본을 통해 취업한 여성들이 더 많은 제도적 사회자본을 획득한 것으로 나타났다.

<표Ⅴ-4> 실제 구직경로별 제도적 사회자본 형성 정도(여성)

실제 구직경로	사례수	평 균	F	유의확률
개인적 사회자본	7	.43		
제도적 사회자본	23	2.89	5.804	0.005[**]
공식적인 방법	27	-.90		
합 계	57	.79		

- 유의도수준 : ** =p〈.01
- 참고 : 종속변수인 제도적 사회자본은 사회적 관계, 활동 참여, 대학의 구직환경과 관련된 문항점수를 표준화 점수로 변환한 후 합산한 점수임.

요컨대, 집단에 상관없이 인터넷을 구직경로로 가장 많이 사용하고 있지만 교수나 취업센터의 추천과 같은 제도적 사회자본 활용 등에 있어서 여성보다는 남성의 비율, 하위권 대졸 여성보다는 상위권 대졸 여성의 이용비율이 더 높았다. 이러한 집단 간 차이는 그들이 재학 중 형성한 제도적 사회자본의 양과 관련이 있었다. 대학교육을 통해 제도적 사회자본을 많이 획득한 집단일수록 이를 활용한 비율도 높게 나타났다. 따라서 성별과 대학서열에 따라 차등적으로 형성된 제도적 사회자본은 그들의 구직경로의 차이를 유발한다고 하겠다.

구직경로에 따라 고용형태와 기업규모가 달라지는지를 분석하기 위해 취업자만을 대상으로 구직경로와 고용형태, 기업규모 간의 관계를 살펴보았다. <표Ⅴ-5>를 보면 구직경로에 따라 노동시장 내 고용안정성이 달라졌고 대졸 여성의 구직경로는 기업규모와 관련이 있는 반면 대졸 남성의 구직경로는 고용형태, 기업규모 모두와 관련이 있는 것으로 나타났다.

〈표Ⅴ-5〉 성별 간 구직경로별 취업결과

단위: 명(%)

실 제 구직경로	고용상태				기업규모			
	남 성		여 성		남 성		여 성	
	정규직	비정규직	정규직	비정규직	대기업	중소기업	대기업	중소기업
개인적 사회자본	2(66.7)	1(33.3)	0(.0)	7(100.0)	0(.0)	3(100.0)	0(.0)	7(100.0)
제도적 사회자본	41(95.3)	2(4.7)	17(70.8)	7(29.2)	21(48.8)	22(51.2)	15(62.5)	9(37.5)
공개지원	11(68.8)	5(31.2)	11(40.7)	16(58.3)	7(43.8)	9(56.3)	9(33.3)	18(66.7)
전 체	54(87.1)	8(12.9)	28(48.3)	30(51.7)	28(45.2)	34(54.8)	24(41.4)	34(58.6)

또한 제도적 사회자본을 활용할 경우 정규직, 대기업 등 보다 안정적인 직장을 획득했지만 그 효과는 성별에 따라 상이했다. 대졸 여성의 경우에는 제도적 사회자본을 활용해 취업했을 경우에도 29.2%가 비정규직에 취업했으나 동일한 경로를 활용한 대졸 남성이 비정규직에 취업한 비율은 4.7%에 불과했다. 공개지원 방식을 통해서도 대졸 남성의 경우 정규직에 취업한 비율이 높지만 대졸 여성의 경우에는 비정규직에 취업한 비율이 높았다. 구직경로별 기업규모의 차이를 살펴보면 여성의 경우 제도적 사회자본을 통해서 대기업에 입사한 비율이 높은 반면, 개인적 사회자본을 활용했다고 응답한 여성 모두는 중소기업에 입사하였다. 공개지원 방식을 통해서는 중소기업에 입사한 비율이 높게 나타났다.

이상의 결과를 종합하면, 대졸자들이 진입하는 노동시장은 사회자본에 의해 제약되는 장으로 제도적 사회자본을 활용할수록 노동시장에서 좀더 안정된 직장을 구했지만 그 효과에 있어서는 대졸 여성보다는 대졸 남성에게 더 긍정적이라고 하겠다. 즉, 정규직에 취업한 대부분의 대졸 남성들이 제도적 사회자본을 통해 취업한 반면 여성의 경우에는 제도적 사회자본을 통해 취업했어도 정규직에 취업한 비율이 상대적으로 낮았다. 결국, 대졸 여성의 노동시장 내 위치는 부분적으로 그들이 활용

할 수 있는 제도적 사회자본과 실제 구직과정에서 그것을 어떻게 활용
했느냐와 관련이 있다고 하겠다.

2. 사회적 관계망의 특성

구직과정에서 사회적 관계망의 동원 방식을 통해 성별과 대학서열에
따른 제도적 사회자본의 활용 차이를 엿볼 수 있다. 따라서 여성 집단의
낮은 취업률의 원인을 파악하기 위해서는 노동시장을 특정 관계망의 구조
로 파악하고 성별에 따라 관계망의 효과가 어떻게 차별화되는지 파악할
필요가 있다. 따라서 응답자들에게 구직과정에서 도움을 받은 사람을 세
명까지 기재하도록 한 후 협력자들과의 관계를 내용과 구조 차원에서 분
석하였다.[23)]

1) 관계망의 내용

가. 관계유형

취업과정에서 가장 큰 도움을 준 협력자들과의 관계를 제시한 <표Ⅴ-6>
을 보면 남녀 모두 각종 학교 동창(46.5%), 친족관계(17.1%), 대학교수
(12.3%), 학교취업센터 직원들(12.3%)로부터 도움을 받은 것으로 나타났다.

---

23) 도움을 준 협력자 순으로 우선순위를 두고 세 명까지 기재하도록 했으나 그 분석결
과 두, 세 번째 협력자와의 관계망 분석 역시 첫 번째 협력자와 유사한 관계로 본
글에서는 주로 가장 큰 도움을 준 첫 번째 협력자와의 관계망 특성에 관한 분석만
을 실었다.

<표V-6> 성별 간 가장 큰 도움을 준 협력자와의 관계유형

단위: 명(%)

협력자의 유형	남 성				여 성			
	상위권	중위권	하위권	전체	상위권	중위권	하위권	전체
초등학교 동창	0(.0)	3(7.7)	1(4.2)	4(3.5)	0(.0)	0(.0)	2(5.4)	2(1.7)
중학교 동창	0(.0)	1(2.6)	0(.0)	1(.9)	0(.0)	0(.0)	2(5.4)	2(1.7)
고등학교 동창	2(3.9)	1(2.6)	1(4.2)	4(3.5)	1(2.6)	2(4.4)	3(8.1)	6(5.0)
대학동창	27(52.9)	16(41.0)	6(25.0)	49(43.0)	15(38.5)	19(42.2)	7(18.9)	41(33.9)
교 수	3(5.9)	7(17.9)	6(25.0)	16(14.0)	4(10.3)	6(13.3)	3(8.1)	13(10.7)
취업센터 직원	10(19.6)	3(7.7)	2(8.3)	15(13.2)	4(10.3)	3(6.7)	0(.0)	7(5.8)
부 모	3(5.9)	2(5.1)	4(16.7)	9(7.9)	2(5.1)	4(8.9)	4(10.8)	10(8.3)
형 제	2(3.9)	2(5.1)	1(4.2)	5(4.4)	0(.0)	0(.0)	1(2.7)	1(.8)
친 인 척	0(.0)	2(5.1)	1(4.2)	3(2.6)	1(2.6)	3(6.7)	8(21.6)	12(9.9)
이웃사람	0(.0)	0(.0)	1(4.2)	1(.9)	0(.0)	0(.0)	0(.0)	0(.0)
고향친구	0(.0)	0(.0)	0(.0)	0(.0)	0(.0)	1(2.2)	0(.0)	0(.8)
학교 밖 지인	3(5.9)	0(.0)	1(4.2)	4(3.5)	10(25.6)	3(6.7)	4(10.8)	17(14.0)
기 타	1(2.0)	2(5.1)	0(.0)	3(2.6)	2(5.1)	4(8.9)	3(8.1)	9(7.4)

대졸자들의 관계망은 친구관계가 주를 이룬다고 볼 수 있는데 그중에서도 대학동창의 비율이 가장 높고 상대적으로 중학교 동창 비율이 낮은 편이다. 그 다음으로 높게 나타난 친족관계는 부모가 8.1%, 친인척이 6.4%, 형제가 2.6%를 차지했다. 이를 좀더 자세히 살펴보면, 대졸 여성들은 대졸 남성들에 비해 부모, 형제, 친척 등 친족관계(여성:19.0% 남성:14.9%)와 학교 밖 지인(여성:14.0% 남성:3.5%)으로부터 도움을 받은 경우가 상대적으로 많았다. 반면 남성들은 구직과정에서 친구관계(43%), 교수(14.0%), 학교취업센터 직원(13.2%)들로부터 도움을 받았다. 대학서열에 따라 대졸자 집단 내 차이도 엿볼 수 있었다. 하위권 대졸 여성들의 관계망에는 대학의 선후배, 교수, 학교취업센터 직원 등 대학이라는 공간 안에서 맺은 사람들이 차지하는 비율이 상대적으로 낮은 반면, 상위권 대졸 여성들의 관계망은 그 반대 특성을 보였다. 이러한 결과는 상

위권 대학을 졸업한 여성일수록 그들이 대학 안에서 맺었던 사회적 관계를 통해 다양한 도구적 후원을 받는 반면 하위권 대졸 여성들의 경우는 그렇지 못하다는 것을 제시한다.

이러한 결과를 기반으로 구직과정에서 대졸 여성이 활용하는 관계유형의 일반적 성격을 정리하면 다음과 같다. 첫째, 대졸 여성의 관계망에서는 학교 동창을 중심으로 한 친구 및 선후배 관계가 가장 중요하다. 이는 일반적으로 여성의 사회적 관계망은 가족 중심으로 이루어진다는 기존의 개인적 관계망 연구들에서 보여 준 결과와는 상반된다. 대졸 여성들이 일반 여성들과 달리 친구관계 중심의 관계망이 우세한 것은 표본집단이 동일한 학력을 가진 대졸자라는 점과 아직 결혼을 하지 않았기 때문으로 보인다.

둘째, 여성 행위자와 협력자 간의 지속기간이 남성의 그것보다 비교적 짧은 편이다. 여성의 관계유형에서 학교 동창의 비율이 월등히 높은 것은 사실이지만 그중에서 초등학교, 중학교 동창과 관계를 맺는 경우는 극히 드물다. 이는 여성이 남성보다 사회적 관계망을 유지하기 위해 노력과 시간 등을 적게 투자한 결과이다. 제도적 사회자본의 비지속적 특성으로 인해 일단 획득되었다고 생각되는 사회자본이라 하더라도 그것을 지속적으로 유지하기 위해서는 일정 정도의 투자가 이루어져야 하고 이러한 투자의 구체적인 형태는 각종 활동에 참여하는 것이다. 그런데 Ⅳ장에서 살펴본 것처럼 대졸 여성들은 동문회를 비롯해 각종 활동에 참여하는 비율이 남성의 그것보다 상대적으로 낮기 때문에 중학교, 고등학교에서 맺은 관계가 대학까지 연결되는 경우가 적은 것이다.

셋째, 대부분의 관계에서 근친성을 특징으로 하는 범위가 좁은 관계망의 특징을 보이고 있다. 친족관계 중에 부모 형제, 동창 중에서 대학 동창 비율이 높은 것은 관계의 범위가 확산되어 있지 않고 집단적 속성을 공유하고 있음을 의미한다.

나. 접촉빈도

접촉빈도는 관계유형과 함께 연결강도를 나타내는 지표의 하나로 접
촉빈도가 잦을수록 강한 연결의 성격을 지닌다(김선업, 1992b: 136). 응
답자와 도움을 준 사람들 간의 접촉빈도를 조사한 결과, 관계의 중요도
(협력자들의 우선순위)와 응답자의 성별, 대학서열에 따라 통계적으로
유의미한 차이는 보이지 않았다. <표Ⅴ-7>을 보면 성별과 대학서열에
상관없이 응답자 대부분이 협력자와 빈번한 접촉을 한 것으로 나타났다.
우선, 가장 큰 도움을 준 사람들과의 접촉빈도는 남성(70.8%)이 여성
(66.1%)보다 더 많았다. 이는 앞서 살펴보았듯이 여성들이 대학동창 등
을 비롯한 친구관계로부터 도움을 받은 비율이 남성의 그것보다 상대적
으로 적기 때문이다.

〈표Ⅴ-7〉 성별에 따른 첫 번째 협력자와의 접촉빈도

단위: 명(%)

	만나는 편	보 통	안 만나는 편
남 성	80(70.8)	20(17.7)	13(11.5)
여 성	80(66.1)	32(26.4)	9(7.4)
전 체	160(68.4)	52(22.2)	22(9.4)

결국, 접촉빈도에 있어서 성별 간 차이가 나타나지 않았는데 이는 접
촉빈도가 성별 간의 관계망 특성을 구분 짓는 잣대는 되지 않는다는 것
을 의미한다. 이러한 결과는 여성일수록 상대적으로 접촉빈도가 강한
연줄을 유지하는 경향이 있어서 남녀 간에 접촉빈도에 차이가 난다는
선행연구들의 결과와 불일치하는 것이다. 이처럼 본 연구에서 남녀 간
의 접촉빈도 차이가 나타나지 않은 이유는 조사대상자가 대졸자라는 단
일한 특성을 지닌 집단이어서 대부분의 관계망이 친구, 친족 등 집단적
범주에 기초하고 있기 때문이다. 앞서 살펴보았듯이 대졸 여성의 관계

유형의 특성 중의 하나는 집단 중심적 관계라는 것인데 이는 개인의 동기보다는 집단 연대나 통합을 전제로 하기 때문에 집단 결속에 필요한 일정한 정도의 집단 내 상호작용을 요구한다. 결국, 구직과 같은 수단적 행위라 하더라도 집단의 연대를 기초로 하는 관계망이 동원됨으로써 성별에 따른 접촉빈도의 차이가 나타나지 않는 것이다.

다. 연결강도

연결강도란 연결의 특성을 짓는 시간의 양, 정서적 강도, 친밀성, 상호 호혜적 서비스의 혼합으로 강한 연결과 약한 연결로 구분된다(Wegener, 1991). 강한 연결은 정서적이고 우호적으로 상호 간에 호의를 갖고 자주 교류하는 반면, 약한 연결은 상호 간에 자주 교류하지 않기 때문에 일시적이며 정서적이지 않다. 본 연구에서는 이러한 연줄강도의 일반적 성격 이외에 그 관계망이 제도적 사회자본과 개인적 사회자본 중 어느 형태에서 비롯된 것인지를 고려해 연줄강도를 제도적 강한 연결, 제도적 약한 연결, 개인적 강한 연결, 개인적 약한 연결 네 가지로 구분하였다.

첫 번째 협력자와 응답자 간의 연줄강도를 분석한 <표V-8>을 보면, 구직과정에서 남녀 대졸자 모두 약한 연결(36.2%)보다는 강한 연결(63.8%)을 더 많이 활용했으며, 이 중에서도 대학 내에서 형성한 사람들 간의 강한 연결을 가장 많이 활용하였다. 이를 성별에 따라 세부적으로 살펴보면 여성은 구직을 위해 개인적 사회자본(41.3%)보다는 제도적 사회자본(58.6%)을, 약한 연결(38.1%)보다는 강한 연결(61.9%)을 활용하였다. 대졸 남성 역시 개인적 사회자본(21.9%)보다는 제도적 사회자본(78.1%)을, 약한 연결(34.2%)보다는 강한 연결(65.8%)을 활용하였다. 강한 연결망의 동원비율을 성별로 비교해 보면, 남성의 강한 연결망 활용비율이 여성의 그것보다 더 높게 나타났다.

〈표Ⅴ-8〉 연결강도 유형

단위: 명(%)

		제도적 강한 연결	개인적 강한 연결	제도적 약한 연결	개인적 약한 연결
전 체	남 성	58(50.9)	17(14.9)	31(27.2)	8(7.0)
	여 성	51(42.1)	24(19.8)	20(16.5)	26(21.5)
	전 체	109(46.4)	41(17.4)	51(21.7)	34(14.5)
		$\chi^2 = 13.350$ df = 3 p = .004**			
여 성	상위권	16(41.0)	3(7.7)	8(20.5)	12(30.8)
	중위권	21(46.7)	8(17.8)	9(20.0)	7(15.6)
	하위권	14(37.8)	13(35.1)	3(8.1)	7(18.9)
		$\chi^2 = 12.459$ df = 6 p = .052			

■ 유의도수준 : ** = p 〈 .01

한편, 대졸 여성 집단 내 연결강도에 차이가 나타나는지를 보면 대부분의 여성들이 강한 연결(61.9%)을 동원한 가운데, 상위권과 중위권 대졸 여성들이 하위권 대졸 여성들에 비해 제도적 사회자본에 기반을 둔 강한 연결을 동원한 비율이 상대적으로 높았다. 또한 학교취업센터, 교수와 같이 제도적 맥락에서 약한 연결을 유지하는 사람들을 구직과정에서 동원한 비율을 보면, 하위권 대졸 여성은 상위권 대졸 여성보다 12.4%포인트나 낮았다. 하위권 대졸 여성들의 경우 제도적 맥락에서 맺어진 사람들 간의 관계 형성이 매우 힘들기 때문에 이를 활용하는 데 있어서도 소극적일 수밖에 없다.

이처럼 성별과 대학서열에 상관없이 대부분의 응답자들이 약한 연결보다는 강한 연결을 더 많이 활용했다는 것은 몇 가지 측면에서 해석이 가능하다. 우선, 이러한 결과는 우리사회의 강한 연결망이 갖는 강한 도구성을 반영한다. 이는 사회경제적 지위가 높을수록, 학력이 높을수록, 남성일수록 약한 연결을 가질 것이라는 서구사회의 경험적 연구와는 다른 결과이다. 두 번째, Wegener(1991)가 주장하는 것처럼 한 개인의 사회적 관계망은 한 가지 관계유형만이 아닌 다차원적 관계로 구성되어 있기 때문에 강한 연결을 통해서도 다양한 지위에 있는 협력자들과 접촉할 수 있다. 즉, 특정 관계망 안에는 행위자 개인보다 높은 사회적 지위를 지닌 이질적인 집단이 동시에 존재하기 때문에 강한 연결망 안에서도 다양한 정보 획득이 가능한 것이다.

하지만 남성, 상위권 대졸 여성 집단이 다른 집단보다 제도적 맥락에 기반을 둔 강한 연결과 약한 연결의 동원비율이 매우 높은 반면, 하위권 대졸 여성 집단이 제도적 약한 연결의 동원비율이 가장 낮다는 것은 또 다른 문제를 제기한다. 이러한 연결강도의 차이가 집단 간 협력자로부터 받은 도움 유형의 차이를 야기할 수 있기 때문이다.

라. 관계망의 규모

관계망의 규모는 접근할 수 있는 자본의 양을 결정한다. 즉, 관계망의 크기가 큰 사람은 자신의 경제적 어려움이나 사회생활의 문제를 풀기 위해 동원할 수 있는 사회자본이 많다는 것을 의미한다. 일반적으로 사회적 관계망 이론은 남성이 여성보다, 상류층이 하류층보다 관계망의 규모가 크다는 것을 보여 준다. 과연 대졸 여성의 경우에도 이러한 특성이 나타나는지를 알아보기 위해 동원된 사람들의 수로 대졸 여성의 관계망 규모를 분석하였다.

<표 V-9>를 보면, 여성의 50.4%가 한 명에게 도움을 받았던 반면 남성의 52.2%는 두 명 이상에게 도움을 받았다. 이처럼 여성이 남성에 비해 관계망의 규모가 상대적으로 좁지만 이러한 차이가 통계적으로 유의미하지 않아 여성과 남성이 유사한 규모의 관계망을 갖고 있다고 볼 수 있다.

<표Ⅴ-9> 성별 간 관계망의 크기

단위: 명(%)

	1명	2명	3명	전체
남 성	55(47.8)	19(16.5)	41(35.7)	115(100.0)
여 성	61(50.4)	28(23.1)	32(26.4)	121(100.0)
전 체	116(49.2)	47(19.9)	73(30.9)	236(100.0)

이와 같은 결과는 본 연구의 분석대상이 동일한 학력과 비슷한 연령대를 가진 남녀 대졸자라는 점에서 다양한 외부 협력자를 보완하고 있을 가능성이 크지 않기 때문으로 보인다. 즉, 관계망의 크기와 밀도를 좌우하는 가장 큰 변수들 중의 일부가 교육수준과 연령인데(장덕진 외, 2003: 145), 대졸자라는 특성으로 이 두 변수들이 통제되다 보니 관계망의 크기에서 성별 차이가 존재하지 않는 것이다.

지금까지의 분석결과를 정리하면, 관계망의 내용에 있어 가장 큰 도움을 준 협력자와 응답자 간의 관계유형에서만 통계적으로 유의미한 차이가 나타났을 뿐, 두·세 번째 협력자와의 관계유형, 접촉빈도, 규모에 있어서는 성별 간 차이가 나타나지 않았다. 이러한 결과는 학력과 연령수준이 비슷하면서 아직까지 직장 경험이 없는 대졸자인 경우 접촉하는 사람의 유형이나 크기 등이 대단히 제한적일 수밖에 없다는 것을 의미한다. 하지만 연줄강도 유형에 있어서 성별 간 차이가 드러났고 이것이 노동시장에 유의미한 영향을 미친다는 점에 주목해야 할 것이다. 기존 서구사회의 연구결과(Granovetter, 1974; Lin et al, 1981)와 다르게 우리나라 대졸자들의 구직과정에서는 남녀 모두 약한 연결보다는 강한 연결을 통해 도움을 받은 경우가 많다. 여성은 개인적 강한 연결을 통해, 남성은 제도적 강한 연결을 통해 도움을 받은 비율이 상대적으로 높다. 이러한 연결강도의 차이는 협력자로부터 받은 도움 유형의 차이를 유발할 것으로 보인다.

2) 관계망의 구조

가. 성 별

협력자의 성별을 응답자의 성별에 따라 살펴본 <표Ⅴ-10>을 보면, 개인적 변수들과 상관없이 협력자의 70% 정도가 남성인 것으로 나타났다. 대졸 남성들의 80~90%가 동성인 남성과 관계망을 형성했으며 대졸 여성들 역시 여성(43%)보다는 남성(57%)과 구직과정에서 사회적 관계를 맺었다. 이러한 경향은 두 번째, 세 번째 협력자로 갈수록 더 두드러졌다. 사람들은 의사소통의 용이성과 행동의 예측 가능성으로 인해 자기자신과 비슷한 사람과 관계 맺기를 원한다. 이러한 경향은 여성에게 두드러진다는 것이 기존 연구들(Campbell, 1988; Moore, 1990)의 결과인데, 본 연구에서는 여성의 유유상종 정도가 남성의 그것보다 낮게 나타났다.

〈표Ⅴ-10〉 응답자의 성별에 따른 협력자의 성별

단위: 명(%)

응답자	첫 번째 협력자		전 체	두 번째 협력자		전 체	세 번째 협력자		전 체
	남 성	여 성		남 성	여 성		남 성	여 성	
남 성	101 (89.4)	12 (10.6)	113 (100.0)	49 (81.7)	11 (18.3)	60 (100.0)	38 (92.7)	3 (7.3)	41 (100.0)
여 성	69 (57.0)	52 (43.0)	121 (100.0)	39 (65.0)	21 (35.0)	60 (100.0)	19 (59.4)	13 (40.6)	32 (100.0)
전 체	170 (72.6)	64 (27.4)	234 (100.0)	88 (73.3)	32 (26.7)	120 (100.0)	57 (78.1)	16 (21.9)	73 (100.0)
	$\chi^2=30.786$ df$=1$ $p=.000^{***}$			$\chi^2=4.261$ df$=1$ $p=.039^{*}$			$\chi^2=11.651$ df$=1$ $p=.001^{**}$		

■ 유의도수준 : $^*=p<.05$, $^{**}=p<.01$, $^{***}=p<.001$

대졸 여성의 관계망에서 남성 비중이 높은 것은 1차적으로 구직이라는 도구적 목적을 위해서는 자신보다 나은 위치의 사람들과 접촉할 필요가 있는데, 이러한 사회적 지위를 가질 확률이 여성보다는 남성이 더 높기 때문이다. 따라서 사회에 진출한 여자 선배나 동기들의 절대적 수가 부족한 상황에서 대다수의 이용 가능한 협력자들은 남성일 수밖에 없다. 둘째, 남녀공학의 경우 사회인문계열을 제외하고는 대부분의 학부에서 여학생 비율이 상대적으로 낮다는 점에서 여성들이 유유상종적인 관계망을 구성할 가능성이 적어 보인다. 셋째, 장덕진·황정미(2003)나 Ibarra(1993)의 연구에서도 드러났듯이 여성은 주변집단인 여성과 주류사회의 통로인 남성 후원자 모두에게 연계될 필요성을 느끼는데, 이 두 집단은 서로 분리되어 있는 경우가 많아 남성보다 여성의 관계망에서 남녀 혼합비율이 높게 나타난 것으로 보인다.

하지만 이러한 결과를 통해 대졸 여성들이 그들의 남성 협력자로부터 대졸 남성의 그것과 동일한 도움을 받을 것이라고 단정할 수는 없다. 남성중심적 대학사회에서 남녀 선후배의 관계는 이성적 관계(sexual relation)로 해석될 여지가 많기 때문이다(Raymond, 1988). 이러한 제약은 남녀공학에서 여학생의 인간관계망 형성에 관해 연구한 이은주(2000)의 연구에서도 드러났다. 우리사회의 '연상의 남자−연하의 여자'라는 이성애적 커플 공식으로 인해 남자선배와 여자후배의 관계가 일상적 맥락에서 관계를 형성, 유지하는 것이 어렵다. 따라서 남녀 대졸자 모두 남성 협력자의 비율이 높지만 대졸 여성들이 그들의 협력자로부터 받는 실질적인 도움이 남성 대졸자의 그것과 동일한 유형인지에 대해서는 더 논의해 보아야 할 것이다.

나. 경제적 지위

<표Ⅴ-11>을 보면, 협력자의 경제적 수준은 응답자의 성별에 따라 통계적으로 유의미한 차이는 나타나지 않았다. 우선, 가장 큰 도움을 준 협력자의 경제적 수준을 보면, 전체 응답자의 59.4%가 '자신과 비슷한

수준'의 사람으로부터 도움을 받아 이질적 결합보다는 동질적 결합비율이 약간 더 높게 나타났다. 특히, 대졸 여성이 대졸 남성보다 동질적 결합비율이 높은 편이다. 두·세 번째로 도움을 준 협력자의 경제적 수준 역시 첫 번째 협력자의 그것과 유사한 경향을 보였다.

<표V-11> 성별에 따른 첫 번째 협력자의 경제적 지위

단위: 명(%)

성 별	나보다 높음	나하고 비슷	나보다 낮음
남 성	47(41.6)	64(56.6)	2(1.8)
여 성	45(37.2)	75(62.0)	1(.8)
전 체	92(39.3)	139(58.4)	3(1.3)

결국, 대졸 여성은 대체로 자기자신과 경제적 수준이 비슷한 동질적인 사람들로부터 도움을 받았다고 볼 수 있다. 하지만 이러한 차이가 통계적으로 유의미하지 않기 때문에 남녀 대졸자 모두 경제적인 수준이 동질적인 협력자로부터 도움을 받았으며 이질적 결합비율에서는 상향적 결합비율이 상대적으로 높은 경향을 보인다고 하겠다.

이처럼 남녀 모두 하향적 결합보다는 상향적 결합이 많은 것은 두 가지 측면에서 해석이 가능하다. 첫째, 상대방의 경제적 수준이 응답자의 주관적 판단에 의해 측정되었기 때문에 일반적으로 상대방의 경제적 위치에 비해 자신의 경제적 위치를 과소평가하는 심리적 성향이 반영된 것이다. 둘째, 관계망 특성에서도 살펴보았듯이 도구적 행위에서 동원되는 관계유형은 친인척, 교수나 학교취업센터 직원 등이 많은데, 이들 대부분이 사회생활을 하고 있으므로 행위자 자신보다 경제수준이 더 높다고 판단한 것으로 보인다.

다. 학 력

대졸자라는 조사대상자의 특수성을 고려한다면 자신과 이질적인 집단은 대학원 졸업자이며 이들과의 관계망은 상향적 결합을 의미한다. <표 V-12>는 행위자들과 협력자 간의 학력에 따른 결합비율을 나타낸 것이다. 우선, 가장 큰 도움을 준 첫 번째 협력자의 학력을 보면, 전체 응답자의 90.2%가 대졸 이상의 학력을 소지한 사람과 접촉했으며 여성이 남성보다 이질적인 결합비율, 특히 상향적 결합비율이 약간 낮았다.

<표V-12> 첫 번째 협력자의 학력

단위: 명(%)

		하향적 결합비율	동질적 결합비율	상향적 결합비율
전 체	남 성	11(9.7)	77(68.1)	25(22.1)
	여 성	12(10.0)	83(69.2)	25(20.8)
	전 체	23(9.8)	160(68.7)	25(20.8)
여 성	상위권	2(5.1)	30(76.9)	7(17.9)
	중위권	2(4.4)	30(66.7)	13(28.9)
	하위권	8(22.2)	23(63.9)	5(13.9)
	전 체	12(10.0)	83(69.2)	25(20.8)

■ 참고 : 하향적 결합→협력자가 초·중·고등학교 졸업자인 경우,
　　　　　동질적 결합→협력자가 대학 졸업자인 경우,
　　　　　상향적 결합→협력자가 대학원 졸업자인 경우

성별에 따라 행위자와 협력자 간의 학력 차이가 나지 않는 것은 앞서 여러 측면에서 설명한 바와 같이 조사대상자가 대졸자라는 점에서 그들이 접촉하는 사람들의 교육수준이 이미 제한되어 있을 수밖에 없고, 구직이라는 도구적 행위의 수단으로 작용하기 위해서는 자신보다 비슷하거나 높은 수준의 학력을 지닌 사람과 접촉할 필요가 있기 때문이다.

또한, 대졸 여성 집단 내에서는 대학서열에 따라 협력자의 학력수준

의 차이를 보면 하위권 대졸 여성 집단의 경우 자신보다 낮은 학력을 지닌 사람들로부터 구직과정에서 도움을 받은 비율이 상대적으로 높게 나타났는데, 이는 중위권 대졸 여성들과 비교했을 때 17.8%포인트 차이가 나는 수치이다. 하위권 대졸 여성들은 가족 및 친인척과의 관계를 그들의 구직과정에서 동원한 비율이 다른 집단보다 상대적으로 높다는 점에서 하위권 대졸 여성의 사회경제적 위치를 가늠해 볼 수 있는 근거가 된다. 이와 같은 집단 간 차이는 대졸 여성 집단 내 관계망의 도움 유형의 차이를 유발할 것으로 보인다.

요컨대, 관계망 구조에서는 협력자의 성별을 제외하고 남녀 대졸자 모두 학력과 경제적 수준에서 동질적인 사람과 접촉하는 경향을 보였다. 대부분 여성의 관계망이 남성의 관계망에 비해 성별의 동질적 결합비율이 낮은 반면 경제적 수준과 학력에서는 동질적 결합비율이 더 높았다. 상대적으로 남성들이 사회적 위계상 높은 위치를 차지하고, 사회에 진출한 비율이 높고 남녀공학의 인구학적 특성 때문에 여성은 그들의 협력자로 남성을 더 선택할 수밖에 없다. 남성의 도구적 연결망에서 유유상종이 여성의 그것보다 더 높은 것도 바로 이런 이유에서 비롯된 것이다. 한편, 남녀 모두 협력자의 학력과 경제적 수준에서 동질적 결합비율이 높은 가운데 상대적으로 여성의 이질적 결합비율이 낮은데, 이는 교수나 취업센터 직원 등과 같은 제도적 사회자본의 활용비율이 낮은 데서 비롯된 것이다. 즉, 대졸 여성과 관계를 맺고 있는 남성들 중에는 영향력을 행사할 수 있는 사회적 지위가 높은 남성의 비중이 상대적으로 적다. 관계망의 특성이 관계들에 의해 제공되는 혜택에 영향을 미친다는 Ibarra(1993)의 주장처럼 이러한 여성의 사회적 관계망 특성은 구직과정 관계망에 의해 제공되는 도움 유형의 성별 차이를 유발할 것으로 보인다.

3. 사회적 관계망의 효과[24)]

1) 도움 유형

구직과정에서 동원되는 관계망은 정보를 얻는 관계망과 영향력과 같은 실질적인 도움을 주는 관계망으로 나누어 분석될 수 있다. 정보와 영향력의 관계망은 수단적 속성의 차이로 개념화된 것인데, 직장에 대한 단순정보를 제공하는 관계망에 비해 실질적인 영향력을 행사하는 관계망은 수단적 성격이 더 강하다고 볼 수 있다(김선엽, 1992b: 180). 가장 큰 도움을 준 협력자가 제공한 도움 유형이 응답자의 성별에 따라 차이가 나타나는지를 분석한 <표 V-13>을 보면, 남녀 대졸자 모두 영향력보다는 정보 제공 차원에서 도움을 받았으나 성별에 따라 제공받은 정보의 종류는 상이한 것으로 나타났다.

<표 V-13> 성별에 따라 협력자로부터 제공받은 도움 유형

단위: 명(%)

		구직정보	직원소개	인사청탁	직접고용	직장추천	시험정보	기 타
전 체	남 성	29(25.7)	6(5.3)	14(12.4)	3(2.7)	23(20.4)	31(27.4)	7(6.2)
	여 성	40(33.1)	7(5.8)	10(8.3)	3(2.5)	25(20.7)	31(25.6)	5(4.1)
	전 체	69(29.5)	13(5.6)	24(10.3)	6(2.6)	48(20.5)	62(26.5)	12(5.1)
여 성	상위권	12(30.8)	2(5.1)	1(2.6)	1(2.6)	9(23.1)	12(11.0)	2(5.1)
	중위권	14(31.1)	3(6.7)	4(8.9)	1(2.2)	10(22.2)	11(24.4)	2(4.4)
	하위권	14(37.8)	2(5.4)	5(13.5)	1(2.7)	6(16.2)	8(21.6)	1(2.7)

---

24) 이 절에서 분석에 활용한 자료는 가장 큰 도움을 준 첫 번째 협력자에 관한 자료다.

대졸 여성들이 채용정보와 같은 구직기회 정보를 더 많이 제공받은 반면 대졸 남성들은 면접 및 필기시험에 관한 구체적이고 실질적인 정보를 더 많이 제공받았다. 여성보다 남성이 구체적으로 취업전략을 계획할 수 있는 것도 어떻게 보면 이러한 정보 유형의 차이에서 비롯된 것이다. 또한 구직에 직접적으로 영향을 미칠 수 있는 영향력도 대졸 여성보다 대졸 남성이 그들의 협력자로부터 더 많이 받았다. 특히, 해당 직장의 상사나 인사담당자에게 부탁하는 등의 영향력 행사는 대졸 남성들이 그들의 협력자로부터 더 많이 제공받았다.

이러한 경향은 Ⅳ장에서 살펴본 대학의 성차별적 환경과 밀접한 관련이 있어 보인다. 앞서 살펴보았듯이 대졸 여성의 47.1%가 동일한 대학을 졸업했어도 그들의 교수나 선배로부터 받은 도움의 정도나 유형이 성별에 따라 달랐기 때문이다. 따라서 <표Ⅴ-13>은 차별적 기회 및 보상에 대한 대졸 여성의 인식을 구체적인 자료를 통해 재확인한 것이라 하겠다.

한편, 대졸 여성 집단 내 대학서열에 따른 도움 유형의 차이를 분석해 보면, 하위권 대졸 여성은 그들의 협력자로부터 구직기회와 같은 단순정보를 제공받은 비율이 높은 반면 상위권과 중위권 대졸 여성은 직장추천과 같은 영향력을 제공받은 비율이 높았다.

2) 도움 유형 차이의 발생원인

대학서열에 따라 협력자로부터 제공되는 도움 유형이 달라지는 이유는 무엇일까. 우선 성별 간 도움유형의 차이가 발생하는 이유는 가부장적 자본주의 사회에서 남녀에게 기대되는 역할이 다르기 때문이다. 여성의 사회 진출이 증가하고 있음에도 불구하고 여전히 남성은 노동시장에서 생산적인 활동을, 여성은 가정에서 재생산 활동을 담당할 것을 기대하는 것이 현실이다. 그러다 보니 남성들의 고용 가능성에 더 무게를 두고 이들에게 1차적으로 중요한 정보나 영향력을 제공하는 것이다.

그 다음 원인은 대졸 여성들이 맺고 있는 관계망 특성에서 비롯된 것이다. 대졸 남성이 대졸 여성에 비해 협력자의 경제적, 학력 수준에서 상향적 결합비율이 더 높게 나타났다. 협력자의 높은 사회적 지위는 단순한 정보 제공보다는 영향력 행사를 통해 취업에 직접적으로 도움을 줄 가능성이 크다. 또한 대졸 남성은 대졸 여성보다 제도적 사회자본에 기반을 둔 강한 연결의 활용비율이 높다. 이처럼 성별에 따른 도움 유형의 차이가 관계망의 특성에서 비롯된다면 그것은 협력자와 응답자 간의 연결강도와 관련이 있다고 하겠다.

연결강도의 유용성에 대한 논의는 상반된 연구결과를 도출하는 경우가 많다. Granovetter의 약한 연결 장점 가설과 Lin의 위세가설에 의하면 연결강도 중 약한 연결은 정보나 영향력 획득을 용이하게 한다는 점에서 강하다(Wegener, 1991: 60). 왜냐하면 약한 연결은 인간관계의 범위를 넓힘으로써 자신과 다른 속성을 가진 사람들과의 접촉기회를 확장시키고 구직자 자신의 구조적 제약을 넘어서는 정보와 영향력을 획득할 가능성을 증가시킨다. 하지만 또 다른 연구들(Wegener, 1991; Bian, 1997)은 강한 연결의 장점을 주장한다. 사회적 지위가 열악한 집단이나 서양과 달리 동양에서는 강한 연결이 구직과정에서 더 유용하다는 것이다.

이에 1차적으로 협력자와의 연결강도를 도움 유형별로 분석한 <표V-14>를 보면, 단순한 채용정보 제공은 약한 연결을 통해, 면접 및 채용시험과 관련된 정보 제공은 강한 연결을 통해 제공되었다. 또한 인사청탁 및 해당 직장의 추천 등과 같은 영향력 행사 역시 강한 연결을 통해 제공되었다. 결국, 실질적인 고용과 연결될 수 있는 도움은 강한 연결을 통해 이루어졌다고 하겠다.

〈표V-14〉 연결강도와 도움 유형 간의 관계

단위: 명(%)

연결강도	채용정보	직원소개	인사청탁	직접고용	직장추천	시험정보	기　타
제도적 강한 연결	31(28.4)	5(4.6)	10(9.2)	2(1.8)	22(20.2)	37(33.9)	2(1.8)
개인적 강한 연결	8(19.5)	4(9.8)	9(22.0)	0(.0)	8(19.5)	8(19.5)	4(9.8)
제도적 약한 연결	18(35.3)	3(5.9)	4(7.8)	1(2.0)	15(29.4)	7(13.7)	3(5.9)
개인적 약한 연결	12(36.4)	1(3.0)	1(3.0)	3(9.1)	3(9.1)	10(30.3)	3(9.1)
전　　　체	69(29.5)	13(5.6)	24(10.3)	6(2.6)	48(20.5)	62(26.5)	12(5.1)

　　이러한 경향에서 실질적인 고용에 영향을 줄 수 있는 강한 연결이 어느 형태의 사회자본 유형과 결합되어 있는지를 분석해 보면, 성별에 따라 왜 도움 유형이 달라지는지를 알 수 있다. 다시 <표V-14>를 보면, 실질적인 고용과 연결되어 있는 도움 유형들이 개인적 강한 연결보다는 제도적 강한 연결을 통해 제공되는 비율이 높다.

　　이러한 결과들에 기반을 두고 본다면, 제도적 사회자본에 기반을 둔 강한 연결을 통해서 도움을 받을 경우 취업 가능성이 높아진다고 하겠다. 그런데 문제는 IV장에서도 살펴보았듯이 대졸 여성들이 대졸 남성들보다 제도적 사회자본을 적게 형성하고 있다는 점에 있다. 따라서 대졸 여성들은 대학을 통해 획득한 제도적 사회자본이 적기 때문에 그들의 관계망 안에 있는 협력자로부터 받은 도움 유형이 남성의 그것과 차이를 보이는 것이며 이는 결국 구직과정에 영향을 미쳐 취업에 실패할 가능성을 증가시킨다. 이러한 결과는 연결강도와 도움 유형 간의 관계를 분석한 <표V-15>를 보면 더욱 분명해진다.

　　<표V-15>에서 알 수 있듯이 남성 집단에서는 연줄강도에 따른 도움 유형의 차이가 통계적으로 유의미했는데, 단순한 구직정보 제공은

개인적 약한 연결을 통해, 면접 및 채용시험과 관련된 정보 제공은 제도적 강한 연결을 통해 가장 많이 제공되었다. 일반적 경향에서 나타난 것처럼 단순 구직기회 정보는 약한 연줄을 통해 제공된 반면, 구직에 영향을 미칠 수 있는 실질적인 정보는 강한 연결을 통해 제공되었다. 그리고 영향력 행사 역시 강한 연결을 통해 제공되는 경향이 높게 나타났는데, 개인적 강한 연결을 통해서 가장 많이 제공되었다. 상대적으로 제도적 강한 연줄을 통해서도 영향력 행사는 많이 제공된 것으로 보이는데 이는 주로 '추천'방식을 취하였다.

<표Ⅴ-15> 성별 간 연결강도와 협력자의 도움 유형 간의 관계

단위: 명(%)

		채용정보	영향력	시험정보
남 성	제도적 강한 연결	14(25.0)	20(35.7)	22(39.3)
	개인적 강한 연결	2(13.3)	10(66.7)	3(20.0)
	제도적 약한 연결	9(31.0)	15(51.7)	5(17.2)
	개인적 약한 연결	4(66.7)	1(16.7)	1(16.7)
	전 체	29(27.4)	46(43.4)	31(29.2)
여 성	제도적 강한 연결	17(33.3)	19(37.3)	15(29.4)
	개인적 강한 연결	6(27.3)	11(50.0)	5(22.7)
	제도적 약한 연결	9(47.4)	8(42.1)	2(10.5)
	개인적 약한 연결	8(33.3)	7(29.2)	9(37.5)
	전 체	40(34.5)	45(38.8)	31(26.7)

반면 <표Ⅴ-15>에 나타난 것처럼 여성 집단에서는 단순 채용정보 제공이 제도적 약한 연결을 통해 이루어졌는데, 이 연결강도를 통해 영향력이 주로 제공되었던 남성 집단과 차이를 보였다. 면접 및 채용시험 정보 제공은 강한 연결을 통해 주로 제공되었지만 단일 요인으로 보았을 때는 개인적 약한 연결을 통해 가장 많이 제공되어서 남성 집단이

제도적 강한 연줄을 통해 이러한 정보를 획득한 것과 차이를 보였다. 한편 영향력 제공 역시 주로 개인적 강한 연결을 통해 제공된 것으로 나타났다.

결국, 대졸 여성과 대졸 남성은 그들의 협력자로부터 제공받은 도움 유형이 달랐다. 특히, 제도적 사회자본에 기반을 둔 연줄강도별 도움 유형에서 차이를 보였다. 남성이 제도적 강한 연줄과 약한 연줄을 통해 취업 가능성을 실질적으로 높여 줄 수 있는 시험정보 및 영향력을 제공받은 반면, 대졸 여성은 이 두 연결강도를 통해서 채용정보를 제공받은 경우가 상대적으로 높았다. Ⅳ장에서 밝혀졌듯이 제도적 사회자본이 대졸 여성의 취업결과에 미치는 영향이 크다는 점을 고려한다면 이러한 차별화된 도움 유형의 제공은 대졸 여성의 취업을 어렵게 만드는 요인 중의 하나라고 하겠다.

VI. 결 론

1. 제도적 사회자본과 학벌주의

지금까지의 분석결과를 보면 대학서열이 높은 남녀 대졸자 중에는 취업준비를 적게 해도 다른 집단의 구직자들보다 취업률이 높고 보다 안정된 노동시장으로 진입하고 있다. 또한 일반적으로 동일한 노동시장에 있을 거라고 생각되어 온 대졸 여성 집단은 대학서열에 따라 구직과정이 달랐다. 이와 같은 결과에 비추어 보면 대졸 여성의 취업에는 학벌이 영향을 주고 있다고 볼 수 있는데 이때 이것은 제도적 사회자본이라는 형식을 통해 이루어진다고 하겠다.[25] 제도적 사회자본과 학벌의 관련성을 구체적으로 논의하기 전에 노동시장에서 학벌이 주요 분배기준으로 작용하게 된 사회적 맥락과 그것이 갖는 성격을 간략하게 짚고 넘어가겠다.

학벌이 노동시장에서 중요한 분배기준으로 작용하기 시작한 데에는 고등교육의 대중화가 기인한 바가 크다(김동훈, 2001: 143). 대학교육의

---

[25] 학벌사회는 학력사회(credential society)와 구별된다. 학력사회가 학력 즉 제도권 교육의 이수 연한 정도에 따라 증명서를 발급하고 이에 의해 사회적 차별이 이루어지는 사회라고 한다면 학벌사회는 사회적 불평등을 넘어 문화적 봉건성과 맞닿아 있는 사회이다. 학벌이란 아직 개인 중심의 시민사회가 정착되지 못하고 집단 소속에 의해 개인의 사회적 위상이 정해지는 집단적 사회에서 나타나는 특수현상이라 하겠다(김동훈, 2001: 15-16).

급속한 확장으로 인해 대졸자가 증가했지만 이들을 수용할 수 있는 노동시장은 매우 제한되어 있는 실정이다. 따라서 노동시장 안에서 대졸자들 간의 경쟁이 치열해지고 기업들은 사원 모집 방식으로 대학서열을 고려하기 시작하였다. 이제 대학 졸업자라는 사실보다 "어느 대학의 졸업자인가"가 더 중요하게 되었고 이러한 대학 간 차이가 구직과정에서 결정적 요인이 된 것이다. 결국, 고등교육의 대중화는 사회적 지위와 재화를 분배하는 데 학벌이 하나의 기준으로 작용하게 만든 요인 중에 하나이다.

또한 입학점수를 기준으로 대학들이 위계적으로 서열화되어 있는 것도 기업들로 하여금 사원 모집 시 학벌을 고려하게 만드는 요인으로 작용한다. 입학 당시의 성적이 그 개인의 4년 동안의 대학교육을 통해 형성된 인적자본이 아님에도 불구하고 대부분의 기업들은 입학성적이 곧 대학을 졸업할 당시 개인이 갖고 있는 직업능력을 대변해 줄 수 있다고 본다.

따라서 노동시장에서 학벌이 갖는 문제 중의 하나는 그것의 폐쇄성, 독점성, 동질성, 배타성으로 인해 집단 간의 불평등을 만들어낸다는 점이다. 한 번 특정 대학의 출신이라는 것이 고정되면 '우리 대학' 출신이라는 폐쇄성과 동질성을 통해 '타인'들을 배제하면서 기회를 독점하고 서로를 후원한다. 따라서 학벌주의는 명문대 출신이 아닌 대다수의 사람들에게 평등한 기회가 제공되지 못하게 하고 이들로 하여금 사회적 실패감을 갖게 만든다.

이러한 학벌의 속성은 대학의 제도적 사회자본이라는 형식을 통해 재현된다. 제도적 사회자본은 모든 대학에 존재하는 자본이지만 그것의 양과 질은 대학서열에 따라 차등적으로 달라진다. 우리사회에서 소위 명문대라고 불리는 대학들은 기업과의 연계를 통한 취업지원체계를 구축하고 동창회를 중심으로 한 구성원들 간의 강한 관계망, 다양한 활동을 가능케 하는 시설과 분위기 등 다양한 형태로 재학생들의 구직과정을 후원해 줌으로써 명문대학 졸업자들은 그렇지 않은 대졸자들보다 재화와 기회를 선점하게 된다. 이러한 학벌의 프리미엄 효과는 대졸 여성의 구직과정에도 나타나고 있어 학벌은 여성 집단 내부를 가늠하는 기준이 되고 있다. 대졸 여성의 구직과정에서 학벌주의가 제도적 사회자본을 통해 작동되는 방식을 본 연구결과를 기반으로 좀더 구체적으로 살펴보기로 하겠다.

우선, 대졸 여성의 구직과정에 영향을 주는 제도적 사회자본은 학벌 프리미엄의 또 다른 재현 방식이라 하겠다. 취업률이 가장 낮은 하위권 대졸 여성들을 보면 취업준비 정도는 상당히 높지만 노동시장의 요구와는 다른 방식에서 이루어져 그것의 효율성이 떨어지는 것이 사실이다. 이러한 현상은 전략적인 취업준비에 도움을 줄 수 있는 제도적 사회자본이 열악하기 때문에 발생하는 것이다. 특정 대학에 소속됨으로써 얻을 수 있는 실제적, 잠재적 자본의 한 유형인 제도적 사회자본은 사회적 관계, 다양한 활동 참여, 대학의 구직지원체제를 통해 획득이 가능한데, 문제는 이것이 대학서열에 따라 차등적으로 분배되어 있다는 것이다. 상위권 대학이 갖고 있는 풍부한 제도적 사회자본이 어떤 방식을 통해 형성되었는지는 좀더 많은 논의가 필요하겠지만 그것은 노동시장에서 학벌이 하나의 사회적 지위를 분배하는 기준으로 작동되고 있음을 반영한 결과이다. 그래서 하위권 대졸 여성의 낮은 취업률은 빈약한 사회적 관계, 낮은 활동 참여율, 열악한 취업지원체제와 같은 하위권 대학이 갖고 있는 빈약한 제도적 사회자본의 양과 질에 영향을 받은 것이다.

둘째, 제도적 사회자본의 차이에 의해 발생하는 각 개인의 기회구조 차이는 학벌에 의한 기회 선점 효과와 관련이 있다. 이는 구체적으로 대학서열에 따른 다양한 활동의 참여율과 구직경로의 차이에서 분명히 드러난다. 상위권 대졸 여성들은 다른 집단의 여성들보다 활동 참여율이 높은데 특히 인턴쉽과 같은 예비 취업활동의 참여율이 높다. 출신대학의 서열에 따라 정해진 일류대학, 이류대학, 삼류대학과 같은 딱지는 취업에 영향을 주는 각종 활동 기회의 분배기준이 된다. 가령, 연합동아리인 경우 대학서열에 따라 특정 대학들을 중심으로 구성되어 있는 경우가 많기 때문에 상위권 대학들일수록 연합동아리를 구성하기가 쉽다. 이는 고등학교 동문회를 조직할 때에도 마찬가지이다. 보통 고등학교 동문회는 남녀 고등학교가 같이 연합해서 운영되는 경우가 많은데 상위권 대학에 진학한 고등학교 동문일수록 이러한 활동을 조직하고 운영하기가 수월하다. 또한 상위권 대졸 여성들로 하여금 각종 활동에 참여할 수 있는 기회의 선점을 가능케 만드는 것은 이들 활동을 지원하는 대학의 구직지원 체제를 통해서이다. 대학-기업 간의 프로그램, 다양한 활동에 참여할 수 있는 분위기와 여건(가령, 동아리방 제공, 재정 지원, 각종 행사 개최 등) 등을 통해 상위권 대학들은 재학생들의 활동 참여를 보장하고 후원한다. 이렇게 본다면 하위권 대졸 여성의 낮은 활동 참여율은 그들의 개인적 성향이외에 다양한 활동에 참여할 수 있는 분위기나 여건이 대학에 제대로 마련되어 있지 않기 때문일 수 있다.

다른 한편, 대졸 여성의 구직경로를 보면 제도적 사회자본이 학벌에 따라 차등적으로 분배되는 기회구조와 관련이 있다. 구직경로는 개인적 사회자본, 제도적 사회자본, 공개지원 방식으로 분류될 수 있는데 제도적 사회자본을 통해 직업세계로 이행했을 때 정규직, 대기업 등 보다 안정적인 노동시장에 진입할 가능성이 높다. 제도적 사회자본을 통한 구직행위는 학교의 취업정보센터, 교수와 기업들 간의 관계망, 학교 선·후배들 간의 사회적 관계망에 기반을 두고 이루어진다. 그런데 상위권 대졸 여성들은 다른 집단의 여성들보다 이러한 구직경로를 통해 취업한 비율이 높다. 이처럼 대학서열이 높아질수록 제도적 사회자본을 통해 취업한 비율이 높은 이유는 학교취업센터에 기업들의 취업알선이 많이 들어오고 대기업 중심의 취업설명회가 자주 있기 때문이다. 가령, 상위권 대학들의 취업정보센터 홈페이지에 가 보면 다른 대학 사이트에는 올라와 있지 않는 구직정보나 취업알선들을 볼 수 있다. 또한 고급 취업정보를 제공하는 기업의 취업설명회 역시 명문대학에서는 쉽게 접할 수 있지만 하위권 대학에서는 그리 쉽지 않다. 그리고 명문대학에 다니는 학생들은 그들의 선후배로부터 취업에 직접적으로 도움이 될 수 있는 정보와 자료를 얻기가 수월한 반면 그러한 사회적 관계가 빈약한 하위권 대학의 학생들은 그러한 정보에 접근할 수 있는 기회가 제한되어 있다.

셋째, 대학서열에 따라 차별적으로 분배된 제도적 사회자본은 불평등한 사회적 관계를 재생산한다. 이는 부분적으로 대졸 여성들이 구직과정에서 동원한 사회적 관계망을 분석해 보면 알 수 있다. 구직과정에서 동원한 사회적 관계망의 특성이 대학서열에 따라 달라지는데 이러한 차이가 대졸 남성보다는 대졸 여성 집단 내에서 더 크게 작용하고 있다. 하위권 대졸 여성들의 경우 그들의 관계망 안에 대학의 선후배, 교수, 학교 취업센터 직원 등이 차지하는 비율이 다른 집단의 여성들보다 상대적으로 낮은데 이는 그들의 취업결과에 부정적으로 작용한다. 대학서열이 위계화된 구조 속에서 명문대 졸업생들은 보다 나은 사회적 지위를 차지하고, 이는 선후배와의 관계망을 통해 다양한 도구적 후원을 가능하게 만드는 기제가 된다. 또한 상위권 대졸 여성들은 대학 및 교수-기업 간의 연계를 통해서도 다양한 도구적 후원 및 격려를 제공받을 수 있다. 도구적 후원은 특정 집단에게는 보이지 않는 구직기회를 제공함으로써 대학서열에 따른 불평등한 사회적 지위를 재생산한다.

지금까지 본 연구에서 드러난 결과를 기반으로 노동시장에서 갖는 학벌의 효과가 제도적 사회자본을 통해 어떻게 재현되고 있는지를 실증적으로 검토해 보았다. 결국, 특정 대학에 소속됨으로써 획득할 수 있는 제도적 사회자본의 양과 질은 노동시장에서 점유할 수 있는 기회와 지위에 영향을 준다. 이는 학벌의 프리미엄 효과가 대졸 여성의 노동시장에 분명히 나타나고 있는 것이다. 따라서 대졸 여성들이 진입하는 노동시장은 학벌에 기반을 두고 형성된 불평등한 사회적 관계가 영향을 미치는 장이라고 하겠다.

이러한 측면에서 현재 일부 대기업과 공기업에서 학벌에 따른 기회의 선점을 최소화하기 위해 출신대학을 묻지 않고 사람을 뽑는 '블라인드 테스트(blind test)'를 시행한다고 하지만 이것이 얼마나 효과가 있을지는 더 두고 봐야 할 것이다. 그리고 이러한 제도의 시행이 소위 명문대학을 중심으로 권력과 기회가 독점되는 현상을 은폐하는 역할을 해서도 안 된다.

학벌주의의 병폐는 대졸 여성 집단에서만 국한되어 나타나는 것은 아니다. 하지만 기존에 대졸 여성들의 구직과정을 연구하는 데 있어서 학벌을 간과해 온 것도 사실이다. 기존에 학벌 문제를 거론했던 연구들조차도 여성이라는 관점은 배제한 채 마치 그 문제를 무성적(sex blind)인 것처럼 취급하고 해결하고자 했다. 여성 집단에게 나타나는 학벌의 문제와 남성에게 나타나는 학벌의 문제 양상은 상이한데도 말이다. 따라서 앞으로 학벌이라는 똑같은 테제가 남녀 대졸자의 구직과정에 어떤 방식으로 나타나는지를 심층적으로 더 진전시켜 논의해 볼 필요가 있다.

2. 제도적 사회자본과 성차별주의

본 연구에서 드러났듯이 동일한 대학을 졸업했어도 성별에 따라 제도적 사회자본의 형성과 활용에 차이가 나타났다. 기본적으로 대졸 여성들은 남성들과 비교해 대학 안에서 맺을 수 있는 사람들 간의 관계, 활동 참여, 대학의 구직지원체제를 통해서 형성할 수 있는 자본의 양이 적었다. 또한 대졸 여성들은 대졸 남성들과 동일하게 학교취업센터, 동창, 교수 등을 활용해 취업했을 때에도 비정규직에 취업한 비율이 29.2%에 달했다. 이는 동일한 경로를 통해 취업한 남성들의 95.3%가 정규직에 취업한 것과 매우 차이가 나는 수치이다. 그리고 여성들은 동일한 대학이나 학부를 졸업했어도 교수나 선배로부터 받는 도움의 정도와 유형이 성별에 따라 다르다고 인식하고 있었다. 이러한 결과는 대학서열에 상관없이 모든 대졸 여성들이 성공적인 취업에 영향을 미치는 제도적 사회자본에 대한 형성과 활용에서 차별을 받고 있음을 의미한다. 따라서 대졸 여성이 대졸 남성과 비교했을 때 상대적으로 제도적 사회자본 형성이 힘들고 그것의 효과 역시 차이가 나게 되는 원인을 여성주의적 관점에서 설명할 필요가 있다. 이에 본 연구를 통해 드러난 결과를 기반으로 대졸 여성의 제도적 사회자본 형성의 어려움을 발생시키는 성차별적 요인을 탐색해 보기로 하겠다.

1차적으로 대졸 여성들이 직면하는 사회자본 형성의 어려움은 차별적 기회의 제공과 투자 방식을 통해 일어난 결과이다. 대졸 여성들이 대졸 남성들에 비해 제도적 사회자본을 형성하기 위해 시간과 노력을 적게 투자한다고 볼 수 있다. 이는 어떻게 보면 현실적으로 사회자본의 중요성을 여성들이 인식하지 못하기 때문이다. 여성들은 가정과 학교교육을 통해 사회적 관계망 즉, 사회자본의 중요성을 인식할 만한 자극을 받아오지 못했다. 가정과 학교에서는 성별에 따른 차별적 사회화의 한 측면으로 여성의 활동영역을 특정 영역에 국한시킴으로써 여성의 사회적 관계망 형성을 제한하거나 불필요한 것으로 인식하게 만들어 왔다. 교사들은 사회적 생산 활동을 담당하게 될 남학생들에게는 사회적 관계망을 광범위하고 이질적으로 구성하도록 자극한다. 예를 들어 "남자는 사회생활을 하는 데 있어 친구관계가 중요하다", "남자는 의리에 살고 의리에 죽는다"라는 말을 자주 하는 반면 어머니, 아내로서 가정영역에서 재생산을 담당하거나 노동시장에 진입하더라도 교육, 간호, 단순사무직 등에 종사할 것이라고 간주된 여성들에게는 그들의 사회적 관계망을 가족 중심의 사회적 관계로 제한함으로써 여성의 사회적 관계가 폭넓은 사회적 관계로 확장되는 것을 차단해 왔다. 따라서 여학생들은 학교생활에서 사회적 관계를 확장시키고 유지하고 그것을 활용해 볼 수 있는 공식적, 비공식적 기회들을 상대적으로 적게 가져왔다. 이러한 차별화된 기회의 제공을 통해 여성들은 사회적 관계망을 유지 확장하는 데 필요한 기술들을 익히지 못했고 그것의 필요성 역시 인식하지 못하였다.

둘째, 대학의 성차별적 환경 때문에 대졸 여성들은 재학 중 제도적 사회자본을 획득하기가 힘들었다. 본 연구에서 드러났듯이 대졸 여성은 대졸 남성과 다르게 기회분배와 대학문화에서의 성차별성을 느끼고 있었다. 교수와 취업센터의 남학생 위주의 취업추천에 따른 기회제한 그리고 남학생 중심의 취업강좌의 내용구성으로 인해 제한된 직업탐색이 이루어지는 등 대졸 여성들은 제도적 사회자본에 제한된 접근밖에 할 수 없었다. 또한 여학생들 간의 관계를 돈독히 할 만한 놀이문화의 부재는 여성들 간의 관계망이 유지, 확대되는 것을 힘들게 만들었다. 이는 대학문화 전반의 남성중심성에 기인하는 것으로 보이는데, 전체 응답 여성의 58.8%가 실제로 대학문화가 남성중심적이라고 인식하고 있었다. 특히, 주요 프로젝트 등을 중심으로 한 교수와 남학생 간의 관계, 성별에 따른 도움 유형의 차이 등은 실제로 대졸 여성의 제도적 사회자본 획득에 영향을 주는 의미 있는 변수로 나타났다. 따라서 대학 안에 존재하는 성차별적 장치들은 대졸 여성들로 하여금 제도적 사회자본에 대한 접근을 제한시키고 있다.

셋째, 차별화된 도덕교육도 대졸 여성들의 제도적 사회자본의 형성과 활용을 제약하는 요인으로 작용한다. 좀더 심화된 논의가 요구되는 부분이지만 간략하게 언급하자면 여성의 사회적 관계는 마치 감성적인 유대관계에 기반을 두고 형성되는 것으로 정형화함으로써 나와 다른 성향을 가진 사람들과의 사회적 관계를 형성하기 힘들다는 이데올로기를 만들어 냈다. 또한 배려, 돌봄을 은연 중에 여성에게만 강요하고 타인 중심적 관계 형성 방식이 여성들의 몸에 체화되게 하였다. 이러한 도덕교육은 여성들로 하여금 수단적 영역에서 활용될 수 있는 사회적 관계를 부정적으로 바라보게 만들었다. 이러한 차별화된 도덕교육은 남성들이 사회적 관계를 통해 다양한 도구적 후원을 이끌어내는 것을 합리적인 선택의 과정으로 보게 만드는 반면 여성들이 그러한 행위를 했을 경우에는 도덕적 윤리에 위반되는 것처럼 비판의 대상이 되도록 만든다. 따라서 여성들은 자신의 업무달성을 위해 사용 가능한 사회적 관계망의 동원을 주저하게 되는 것이다.

넷째, 1차적으로 대졸 여성들의 제도적 사회자본 활용이 남성의 그것보다 빈약하고 그 효과가 미비한 것은 서로에게 힘을 실어줄 수 있는 여성들 간의 사회적 관계 형성이 제대로 이루어지지 않았기 때문이다. "성공한 젊은 남성 사업가 뒤에는 성공한 노년의 남성 사업가가 있다"는 말이 있지만 젊은 여성인 경우 그러한 후원을 제공받을 만한 멘토를 발견하기가 너무 힘들다. 하위권 대졸 여성의 학교선배들과의 사회적 관계망의 열악함은 이러한 현실을 드러내는 측면이다. 또한 노동시장에서 여성의 불리한 위치는 사회적으로 성공하더라도 후배 여성을 이끌어낼 만한 견인차 즉, 멘토로서의 역할을 제약한다. 사회적으로 성공한 여성들은 후배 여성들이 사회에 진출 혹은 사회적 경력을 쌓도록 돕겠다는 의지를 보여 주지 않는다. 이러한 현상에 대해서는 여러 가지 설명이 있을 수 있다. 어떤 경우에 성공한 여성들은 남성의 언어, 태도, 행동의 표본이 됨으로써 다른 여성들과 동일시되는 것을 좋아하지 않는 경우도 있다. 또한 힘들게 최고직에 도달한 여성들은 자신들이 했던 것만큼 힘들이지 않고 그 위치에 도달하고자 하는 젊은 후배 여성들을 이해하지 못하는 경우도 있어서 여성들 간의 후원적 관계를 만들기가 힘들다. 다른 한편 사회적으로 성공했어도 여성들은 자신의 생존을 위협하는 남성중심적 장벽과 지속적으로 싸워야 하기 때문에 다른 여성이 직면하는 문제를 함께 고민할 힘을 갖고 있지 못한 경우도 있다. 자신이 처한 환경에서 살아남기 위해서는 자신이 소집할 수 있는 모든 에너지를 다 필요로 하기 때문이다(Petraki, 1993). 이처럼 노동시장 내 여성들의 열악한 위치는 여성들 간의 사회적 관계망 형성을 힘들게 만든다고 하겠다.

요컨대, 여성을 둘러싼 성차별적 사회구조적 조건들은 여성의 사회적 관계망을 제약해 여성들의 사회활동을 특정 영역으로 특화시키고 여성들 스스로 제한된 관계망을 형성할 수밖에 없도록 만드는 현실적 요인이 된다. 또한 노동시장 내 여성들의 불리한 위치는 제도적 사회자본의 활용을 어렵게 만들고 설혹 활용했을 경우에도 그 영향력을 성별에 따라 달라지게 만든다.

지금까지의 논의를 통해 대졸 여성들의 구직과정은 대학의 서열구조와 성(gender)에 기반을 두고 있다는 것이 드러났다. 이러한 학벌주의와 성차별주의는 제도적 사회자본의 형태를 통해 구체적으로 재현된다. 따라서 제도적 사회자본은 출신대학과 성별에 따라 불평등하게 분배되어 있으며 이는 노동시장에 존재하는 성불평등이 정교하게 재생산될 수 있도록 도와주는 메커니즘으로서 작용한다고 하겠다. 이러한 측면에서 대졸 여성, 특히 하위권 대졸 여성들은 학벌과 성별에 의한 단층구조가 뚜렷한 노동시장에서 이중고를 겪고 있다고 볼 수 있다. 그러므로 대졸 여성의 원활한 취업이행을 위해서는 여성이라는 전체적인 틀에서뿐만 아니라 학벌사회에서 개별적인 여성 집단이 처한 구조적인 맥락에서도 접근할 필요성이 있다.

3. 대학교육의 방향

사회자본의 사회적 기능을 강조하는 사람들은 학교제도가 여성들이 접근할 수 있는 사회자본의 창고로서 역할을 감당한다면 여성 자신의 가족들, 친구들 그리고 아는 사람에 의해 제공된 정보 또는 영향력에 의해서는 갖고 있지 않던 기회들을 제공받을 수 있다고 주장한다. 하지만 교육제도 안에 존재하는 학벌주의와 성차별적 현상을 그대로 방치한 상태에서 제도적 사회자본을 개인적 사회자본의 또 다른 대안으로 인식한다면 그것은 우리사회의 성불평등, 학벌주의를 재생산하는 메커니즘이 될 수밖에 없다.

따라서 제도적 사회자본의 부정적 효과를 최소화하고 그것의 긍정적 효과를 나타내기 위해서는 구체적인 대안 마련과 더불어 전제되어야 할 조건이 있다. '적극적 조치(affirmative action)'를 통해 기존에 제도적 사회자본을 빈약하게 갖고 있던 하위권 대학들을 중심으로 제도적 사회자본을 축적할 수 있는 기회를 우선적으로 제공해 주어야 한다.[26] 이 조치는 제도적 사회자본 형성과 활용의 집단 간 차이가 학벌과 성이라는 구조적 요인에 의해 발생한 결과라는 인식에 기반을 둔 것이다. 또한 여성들, 특히 하위권 대졸 여성들이 우리사회에서 다른 집단의 사람들과 동등하게 경쟁할 수 없는 사회구조적 조건을 고려한 사항이다. 적극적 조치를 통해 여성과 하위권 대졸자들이 그들의 능력과 상관없이 여성과 세칭 삼류대학 출신이라는 딱지로 인해 파생되는 불평등한 모습들은 사라져야 할 것이다. 이처럼 하위권 대학이나 그 구성원들에게 우선적으로 재화와 기회를 분배한다는 전제 하에 여성의 제도적 사회자본

---

26) 적극적 조치란 과거 차별의 현재적 결과를 시정하기 위해 여성을 포함한 소수 집단들에게 취업 및 교육의 기회를 적극적으로 제공하는 정책을 의미한다.

형성 및 활용을 촉진할 수 있는 대학교육의 방향과 방안을 논의해 보기로 하겠다.

첫째, 하위권 대학들의 여학생에 대한 취업지도 및 기업체와의 연계를 위한 노력이 활성화될 필요가 있다. 본 연구결과 상위권 대학과 하위권 대학 간의 구직경로가 상당히 다르게 나타났다. 상위권 대졸자인 경우 상당수가 대학을 통한 제도적 사회자본을 활용해 취업한 반면 하위권 대졸자들 대부분은 개인적 사회자본이나 인터넷, 매체와 같은 공식적 방법을 통해 취업을 했다. 취업 결과에 있어서도 대학의 사회자본에 기반을 두고 취업한 상위권 대졸자의 경우 상대적으로 보다 안정적인 노동시장에 진입한 것으로 나타났다. 따라서 하위권 대졸자들의 구직경로를 개선할 필요가 있다. 하위권 대졸자 특히 여성들이 대학의 제도적 사회자본을 통해 취업할 수 있는 경로를 만들어 주어야 하는데 이를 위해서는 대학 당국의 노력이 매우 필요하다. 상위권 대졸자들이 제도적 사회자본을 통해 취업할 수 있었던 것은 대학과 기업 간의 지속적인 관계망이 있었기 때문에 가능한 것이다. 따라서 하위권 대학들은 기업체와의 연계를 형성하고 그것을 유지할 수 있도록 노력해야 할 것이다. 정부도 이를 적극적으로 지원해 주어야 할 것이다. 가령, 하위권 대학에 우선적으로 기업들이 채용설명회를 할 수 있도록 하거나 인턴제 모집에 있어 상위권 대학들이나 남학생들에게 주었던 프리미엄을 제거한 후 여성과 하위권 대졸자들에게도 동등한 기회가 주어질 수 있도록 제도적 장치가 마련 돼야 할 것이다. 이러한 노력을 통해 하위권 대졸 여성들의 제한된 정보나 기회의 접근 위치를 개선해 주고 그들이 합리적인 직업선택과 준비를 할 수 있도록 도움을 제공해야 할 것이다.

둘째, 각 대학들은 여학생들에게 다양한 사회적 모델링을 제시함으로써 여성들 서로에게 힘을 실어줄 수 있는 관계가 자연스럽게 만들어질 수 있도록 도와야 한다. 구직과정에서 여성들은 후원자, 조언자를 찾기 힘든 관계로 구체적인 취업전략을 짜는 데 많은 어려움을 경험하고 있다. 또한 여성들 간의 관계는 마치 정서적인 유대만이 존재하는 것처럼 여겨져 그 관계를 통해 다양한 구직정보나 영향력이 전달되는 것을 가로막는 경우가 많다. 따라서 여성들 간의 관계를 통해서도 다양한 후원적 관계가 마련될 수 있음을 제시해 주어야 한다.

이를 위해 여성들 간의 사회적 관계를 형성하고 유지시킬 수 있는 프로그램들이 대학 안에서 이루어질 필요가 있는데 멘토링도 그중 한 가지 방법으로 보인다. 멘토링은 한 사람이 다른 사람에게 일정한 관계에 의해 장·단기적으로 혹은 정규·비정규적으로 개인적인 영향을 끼치는 모든 과정이다. 이때 형성되는 멘토관계란 조직의 공식적이거나 비공식적인 규범에 적응하도록 도와주고 일과 관련된 문제들을 해결할 수 있도록 도와주는 사람과의 특별하고 강한 인간관계를 말한다(장원섭 외, 2002: 22-24). 이러한 멘토링은 여학생들이 스스로 나서야만 제공되는 기존의 의례화된 수동적 대학 구직프로그램을 넘어서서 여학생들에게 능동적이고 적극적으로 다가가는 지원체제이다. 이것은 여성들의 요구와 필요에 적극적으로 대응하기 위한 프로그램으로써 대졸 여성의 원활한 취업이행을 위한 가장 적극적인 지원체제 중의 하나라고 할 수 있다. 멘토링과 같은 프로그램을 통해 여성들은 여성들 간의 후원적 관계망을 구축할 수 있고 자신의 진로를 계획하는 데 실질적인 도움을 받을 수 있다.

셋째, 두 번째 대안과 비슷한 맥락에서 대졸 여성들, 특히 하위권 대졸 여성들이 사회적 관계망 형성과 취업에 도움이 될 수 있는 각종 활동에 참여할 수 있도록 지원해야 한다. 여성들이 제도적 사회자본을 형성하기 힘든 원인 중의 하나는 사회적 관계를 형성하고 유지하는 기제가 되는 각종 활동에 적게 참여하기 때문이다. 본 연구에서도 드러났듯이 하위권 대졸 여성들을 비롯해 대부분 여성들의 활동 참여가 남성들보다 저조한 것은 이들의 개인적 노력 부족일 수도 있겠지만, 이들이 자유롭게 활동할 수 있는 분위기나 여건이 조성되어 있지 않기 때문이기도 하다. 가령, 하위권 대학인 경우에는 동아리, 학생회활동에 대한 지원 등이 상위권 대학에 비해 소극적인 경우가 많거나 적극적인 여성들의 행동을 비여성적인 행동으로 치부하기도 한다. 따라서 활동의 기회만을 동등하게 열어놓는 것 이외에 여학생들이 각종 활동에 자유롭게 참여할 수 있도록 대학 당국은 시설이나 여건을 마련해야 할 것이며 이들 활동을 적극적으로 지원해야 할 것이다.

넷째, 여학생 중심의 취업지원체제가 마련되어야 한다. 여성은 남성과 다른 필요와 요구를 갖고 있음에도 이것이 대학의 취업지원체제에서는 제대로 반영되지 않고 있는 실정이다. 대졸 여성들이 구직과정에서 대학의 열악한 취업지원 프로그램으로 인해 가장 큰 어려움을 경험했다는 점과 전문상담원이 배치되어 있을수록 여성의 취업 가능성이 증가한다는 것은 여학생 중심의 취업지원체제의 필요성을 제시하는 결과라 하겠다. 또한 남학생 중심으로 이루어지는 취업센터와 교수의 취업지도 및 취업프로그램이 오히려 여학생들의 취업 가능성을 낮추고 있는 것도 이러한 노력의 필요성을 단적으로 드러내는 결과이다.

따라서 여학생을 위한 전문상담인력을 취업센터에 배치하고 이들을 1학년 때부터 체계적으로 진로지도를 할 필요가 있다. 남학생과 달리 여학생들의 경우는 취업준비를 위한 유예 기간 없이 졸업과 동시에 노동시장에 직면하는 경우가 많기 때문에 1학년 때부터의 체계적인 진로지도가 이루어져야 한다. 취업특강, 채용설명회도 여학생들의 취업 의도와 이를 적극적인 실천으로 옮기는 데 도움이 될 수 있는 방향으로 내용과 형식이 변화되어야 할 것이다. 교수 역시 여학생들의 진로에 관심을 갖고 그들의 취업준비과정에 도움을 줄 수 있도록 해야 한다. 교수와 취업에 관해 이야기를 나눌수록 취업 가능성이 높아진다는 점을 보더라도 교수는 여학생들에게 '의미 있는 타자'로서 다가갈 수 있는 존재임에 틀림없다. 따라서 성인지적 관점에서 여학생들 지도가 이루어져야 할 것이다.

다섯째, 대학들 간에 취업과 관련된 정보교환이 원활하게 이루어질 수 있도록 대학 간 컨소시엄을 이룰 필요가 있다. 현재 각 대학들이 갖고 있는 취업정보나 행사 등이 해당 대학 재학생들에게만 제공됨으로써 학벌의 독점성, 폐쇄성을 더욱 강화시키는 측면이 있다. 따라서 각 대학이 주최하는 취업프로그램이나 정보를 인근 대학의 재학생들도 함께 이용할 수 있도록 홍보하고 이를 지원한다면 상위권 대학들에게만 편중되어 있는 정보를 확산하는 데 효과가 있을 것이다. 또한 학생들 입장에서도 다양한 경로를 통해 보다 다양한 프로그램에 참여할 수 있는 기회들을 얻을 수 있을 것이다.

여섯째, 구직과정에서 나타나는 성차별을 없애기 위해서는 여성친화적 대학문화가 마련되어야 한다. 본 연구에서 밝혀졌듯이 남성중심적 대학문화 속에서 여성들은 많은 차별을 경험하고 있다. 인턴쉽, 취업추천 등에서 남학생들이 우선시되고 남학생−교수 중심으로 이루어지는 관계, 동일한 대학을 졸업했어도 교수나 선배들로부터 받는 도움 유형과 정도의 차이는 대졸 여성의 제도적 사회자본 형성과 활용을 어렵게 만들고 결국 취업이행을 저해하는 요인으로 작용한다. 따라서 1차적으로 취업지도를 하는 교수나 취업센터 직원들은 성인지적 관점에서 학생들을 지도할 필요가 있으며 객관적 자료에 근거해 취업추천이 이루어질 수 있도록 추천 기준을 개발하고 이를 공고히 할 필요가 있다.

마지막으로 전 교육과정을 통해 여성들에게 사회자본의 중요성을 인식할 수 있는 기회들을 제공해 주고 이를 운영해 볼 수 있는 기회들을 주어야 할 것이다. 가령, 중·고등학교 여학생들을 대상으로 하는 리더쉽 개발 프로그램 등을 시행함으로써 사회적 관계에서 나타나는 갈등을 해결하고 이를 유지하는 기술들을 터득할 수 있도록 하는 것이다.

참고문헌

강상진(2003). **회귀분석의 이해**. 서울: 교육과학사.

강성희·이성희(1999). 남녀 대학생의 사회적 관계망과 고독감. **한국가정관리학회지**, 43(99.9), 159-170.

곽윤숙(1993). 일반계 고등학교 여학생의 교육과정 계열선택에 관한 연구. **교육사회학연구**, 3(1), 79-106.

곽윤숙(1997). 여학생의 진로 선택에 대한 이론적 접근. **교육사회학연구**, 7(4). 123-138.

곽윤숙(1999). 여대생의 진로 선택과 관련한 성역할 태도 척도의 개발에 관한 연구. **여주대학 논문집**, 7(2), 227-239.

교육통계연보. 2003. 교육인적자원부.

구해근(2002). **한국 노동계급의 형성**. 서울: 창작과 비평사.

권정숙(2000). 직업교육훈련의 성별 불평등 특성 분석. 박사학위논문. 충남대학교.

권현정 외(2002). **마르크스주의 페미니즘의 현재성**. 서울: 공간.

금재호(2000). **한국 여성노동시장의 구조와 변화**. 한국노동연구원.

김경희(2001). 고용 평등과 적극적 조치. 조순경(편), **노동과 페미니즘**(p.104-137). 서울: 이화여대 출판부.

김기헌(2003). 한국사회의 교육체계와 첫 일자리의 진입-학교·직업이행의 제도적 결정요인들. 박사학위논문. 성균관대학교.

김동훈(2001). "학벌타파가 불평등 해소의 지름길". 월간 초등 「우리교육」, 3월호. 84-87.

김동훈(2001). **한국의 학벌, 또 하나의 카스트인가**. 서울: 책세상.

김미란(2003). 성별직종 분리에 대한 선택과 제약의 역할. 박사학위논문. 서울시립대.

김부태(1995). **한국 학력사회론**. 서울: 내일을 여는 책.

김상봉(2002). 안티학벌운동의 철학적 기초. **사회와 철학**, 4, 271-292.

김상준(2004). 부르디외, 콜만, 퍼트남의 사회적 자본 개념 비판. **한국사회학**, 38(6),

63-95.

김선업(1992a). 직업획득과정을 통해 본 한국사회의 연줄구조. **아세아연구**, 87, 219-248.

김선업(1992b). 한국 대도시 주민의 개인적 연줄망에 관한 경험적 연구. 박사학위논문. 고려대학교.

김선영(2000). 대학특성이 여대생의 취업희망직종 선택 과정에 미치는 영향. 박사학위논문. 이화여자대학교.

김영화(1990). **한국 경제 및 노동시장 구조 변화에 대한 학교교육 체제의 대응: 한국산업화 과정을 중심으로.** 서울: 한국교육개발원.

김왕배(2001). **산업사회의 노동과 계급의 재생산.** 서울: 한울아카데미.

김왕배·이경용(2002). 사회자본으로서의 신뢰와 조직몰입. **한국사회학**, 36(3), 1-23.

김용학(1987a). 사회연결망 분석의 기초 개념-구조적 권력과 연결망 중심성을 중심으로. **인문과학**, 58, 연세대학교 인문과학연구소.

김용학(1987b). 사회연결망 분석의 이론들: 구조와 행위의 연결을 중심으로. **한국사회학 연구**, 21(1), 1031-1068.

김용학(2003). 한국사회의 학연: 사회적 자본의 창출에서 인적자본의 역할. **전통과 현대**. 23, 99-127.

김용학(2004). 사회연결**망 이론.** 서울: 박영사.

김익두·이월영(1993). **페미니즘 이론.** 서울: 문예출판사.

김재원(1998). **여성의 취업과 진로.** 서울: 법경사.

김정란(2004). "교사의 사회자본, 직무수행, 문제해결능력의 관계". 한국교육사회학회 추계학술발표회. 125-164.

김종숙(2003). 여성청년층 집단의 취업이행에서 나타난 학벌차별과 해소방안. **여성정책포럼**, 2(여름호), 11-15.

김종엽(2003). 한국사회의 교육불평등. **경제와 사회**, 59, 55-77.

김지영(2000). 대학 내 취업지원체계의 여성배제 구조. 석사학위논문. 이화여자대학교.

김충기(1995). 대학에서의 진로지도에 관한 연구. 건국대학교 교육연구소, **교육논집**, 19(1), 73-103.

김태수(2003). **학벌, 디지털 대한민국의 그 마지막 굴레.** 서울: 조명문화사.

김태홍(1995). **고학력 여성인력의 양성과 활용방안.** 서울: 한국여성개발원.

김태홍·김종숙(2002). **여성청년층 집단의 취업이행 실태와 정책과정.** 서울: 한국여성

개발원.

김태홍·문유경(1999). **여성실업의 현황과 대책 방안**. 서울: 한국여성개발원.

김현미(2001). 경제위기와 남성 숙련 노동자의 일 경험과 정체성의 변화. **한국문화인류학**, 34(1). 139-167.

김혜란(2001). "사회자본과 여성정책". 한국행정학회 하계학술대회.

남궁근(1998). **비교정책연구**. 서울: 법문사.

노혜숙·한정신·전경옥·김영란·오재림(1996). 한국 대학 교육에서의 성차별 연구: 대학 커리큘럼 및 교수·학생 상호작용 연구. **아세아여성연구**, 35(12월호), 167-216.

민무숙·허현란·김형만(2002). **여대생의 직업세계로의 이행을 위한 대학의 지원현황과 정책과제**. 서울: 한국여성개발원.

박거용(2004). 대학서열화와 학벌주의. **역사비평**, 67(2004 여름호), 22-43.

박기남(1998). 여성의 사회적 관계망과 성별 직무분리에 관한 연구. 박사학위논문. 연세대학교.

박주헌(1997). 대졸 여성인력의 취업 및 진학 요인 분석-동덕여대 졸업생을 중심으로-. **동덕여성연구**, 2, 7-32.

박창남(1999). 한국 청소년의 구직행위와 노동시장 진입에 관한 연구-실업계 고졸 청소년을 대상으로-. 박사학위논문. 고려대학교.

박희봉(2002). 사회자본이론의 논점과 연구경향. **정부학연구**, 8(1), 5-44.

박희봉(2002). 조직 내 사회자본 형성요인에 관한 연구. **지방정부연구**, 6(1), 221-237.

박희봉·김명환(2000). 우리나라 지역사회의 사회자본 증진에 관한 연구: 사회자본 측정과 분석을 위한 시도. **한국정치학회보**, 34(4), 119-237.

서진완·박희봉(2003). 인터넷 활용과 사회자본-사이버 공동체의 사회자본 형성 가능성을 중심으로. **한국정책학회**, 12(1), 27-50.

손승영·조정아(1993). 대졸 취업 여성의 실태와 대책. **여성학논문집**, 10, 183-243.

신경희(2002). 평생학습을 통한 사회적 자본 형성에 관한 연구. 박사학위논문. 서울시립대학교.

안재희(2006)

양정호 외(2004). "한국인의 성차별 인식에 미치는 요인 분석". 한국교육사회학회 추계학술발표회. 1-19.

오재림(1992). 미국 대학생의 성별에 따른 전공 선택과 변경의 유형에 관한 연구.

교육사회학연구, 2(1), 37-54.

오재림(2000). 양성평등교육과 교사의 역할. **교육연구**, 373(8월호), 18-22.

오홍석(2002). 조직의 사회자본 형성 요인에 관한 연구. **지역사회개발학술지**, 12(2), 25-42.

우에노 치즈코(1994). **가부장제와 자본주의**. (이승희 역). 서울: 녹두.

유석춘·장미혜·정병은·배영(2003). **사회자본: 이론과 쟁점**. 서울: 그린.

유제홍(1998). **여대생 구직실태와 문제점 그리고 정책대안**. 대통령직속 여성특별위원회.

유현옥(2004). **페미니즘 교육사상**. 서울: 학지사.

이경상(2001). 취업시장에서의 개인적 연줄망의 특성과 직업성취에 관한 연구. 박사학위논문. 고려대학교.

이선미(1994). 대학생의 취업포부와 취업전략 분석. 석사학위논문. 이화여자대학교.

이승희(1992). 사회주의, 페미니즘, 한국의 여성해방. **경제와 사회**, 제14권, 146-171.

이영자(1995). 여성의 교육수준과 관련요인이 직업적 지위획득에 미치는 영향. 박사학위논문. 계명대학교.

이은주(2000). 남녀공학 여자대학생의 인간관계망 형성에 대한 연구. 석사학위논문. 숙명여자대학교.

이임하(2004). **교육을 통한 신사임당 되기**. 서울: 서해문집.

이재열(1994). 개인의 합리성에서 제도의 신화까지: 조직과 시장의 사회학. **사회비평**, 11호.

이재열(1998). 민주주의, 사회적 신뢰, 사회적 자본. **사상**, 37('98.6), 65-93.

이재혁·박준식(2000). 한국인의 사회연결망과 연고주의. **아시아문화**, 15, 117-141.

이정규(2003). **한국사회의 학력·학벌주의: 근원과 발달**. 서울: 집문당.

이정선(1996). 성취의 사회화: 재미 한인 고등학생에 대한 문화기술적 연구. **비교교육연구**, 6(1), 269-300.

이정선(2001a). 콜맨(Coleman)과 부르되(Bourdieu)의 사회자본론 비교와 한국교육에 주는 시사점. **초등교육연구**, 16(1), 91-112.

이정선(2001b). 가정-학교-지역사회의 사회·문화적 관계: 콜맨의 사회자본을 중심으로. **교육인류학연구**, 4(2), 147-181.

이정선(2001c). 초등학교에 있어서 학업성공과 사회자본의 관계: 문화기술적 연구. **교육인류학연구**, 4(3), 253-288.

이창기(2004). 사회자본 형성을 통한 교육공동체 협력증진 방안: 학교현장의 교육력

제고를 중심으로. **한국사회와 행정연구**, 15(1), 435-448.

임선희(1996). 여자대학생 취업현황과 취업확대방안. **학생생활연구**, 제23호, 40-50. 충남대학교.

임선희(2003). **성과 학교교육**. 충남대학교 출판부.

임선희·전혜영(2004). 여자대학생의 직업세계 이행과 진로장벽: 지역대학의 사례. **교육사회학연구**, 14(1), 101-120.

장덕진(2003). **연결망과 사회이론**. 한국이론사회학회.

장덕진·황정미(2003). 여성의 사회적 자본-기업조직 내 연결망 분석 사례를 중심으로. **경제와 사회**, 59(2003년 가을호), 130-160.

장미혜(2001). 문화자본과 소비양식의 차이. **한국사회학**, 36(3), 51-81.

장미혜(2002). 사회계급의 문화적 재생산: 대학 간 위계서열에 따른 부모의 계급구성의 차이. **한국사회학**, 36(4), 223-251.

장원섭 외(2000). **학교에서 직업세계로의 이행에 관한 연구(Ⅱ)-고등교육단계를 중심으로-**. 서울: 한국직업능력개발원.

장원섭 외(2002). **대학에서의 직업교육 활성화를 위한 멘토링 시스템 모형 개발**. 서울: 한국직업능력개발원.

장원섭(1997). **교육과 일의 사회학**. 서울: 학지사.

장윤희(2003). "학벌"의 경제적 분석. 석사학위논문. 충남대학교.

장지연(1991). 한국사회직업의 성분절화와 경제적 불평등. 한국사회사연구회(편), **한국사회의 여성과 가족**. 서울: 문학과 지성사.

장창원·이지현(1999). 우리나라 4년제 대학 졸업자의 직업교육훈련 성과분석. **직업능력개발원연구**, 2(1), 127-161.

다케나카 에이코(1996). **여성노동론**. 장하진(역). 서울: 여성사.

장하진 외(2000). **여대생의 직업의식 실태와 정책과제**. 노동부.

정윤경(1995). 여대생의 취업률 저조 원인에 관한 연구. 석사학위논문. 서울대학교.

정재기(1997). 한국인의 개인적 연줄망에 대한 경험적 연구: 사회적 자본 개념을 바탕으로. 석사학위논문. 서울대학교.

정태화 외(2003). **학벌주의 실태와 극복 대책**. 서울: 한국직업능력개발원.

정태화(1998). 선진국의 직업교육 개선 동향과 시사점에 관한 연구. **직업능력개발연구**, 1(1), 88-125.

정해숙(1998). 대학의 성별 구성이 여학생의 교육경험 및 교육적 결과에 미치는 영향 분석. 박사학위논문. 동국대학교.

정형욱(1999). 고학력 여성의 하향 취업에 관한 연구. 석사학위논문. 이화여자대학교.

정혜선(1997). 대졸 여성의 취업구조와 노동시장 내의 특성. **동덕여성연구**, 제2호, 7-31.

조경원(2001). 한국 여성교육이념의 역사적 접근. 김재인 외(편), **여성교육개론** (p.23-48). 서울: 한국교육과학사.

조미주(2000). 성, 숙련, 임금. 조순경(편), **노동과 페미니즘**,(p.171-196). 이화여자대학교출판부.

조성철(2003). 한국 글로벌 조직의 자회사 통합에 관한 실증적 연구: 개인 상호 간 네트워크를 통한 사회적 자본을 중심으로. 석사학위논문. 한양대학교.

조정아(1993). 대졸 사무직 여성의 노동과 좌절. 석사학위논문. 이화여자대학교.

조혜선(2000). 한국 노동시장 내 여성의 선택과 적응-기회와 조건의 불평등. 박사학위논문. 연세대학교.

지은희(2001). 정보화에 따른 서비스 부문 여성노동의 변화에 관한 연구. 박사학위논문. 고려대학교.

진미숙(2003). 학벌과 삶의 방식-학벌사회의 보고서-. **한국교육연구**, 9(1), 70-92.

최　협(1998). 한국사회의 연고주의: 혈연, 학연을 중심으로. **사회과학연구**, 13, 59-70. 목표대학교 사회과학연구소.

최지희(2000). 여성노동에 대한 사회 정책의 관점. **경성대학교 논문집**, 21(1), 47-59.

캐롤 길리건(1982). **다른 목소리로**. 허란주 역(1992). 서울: 동녘.

허창수(2004). 한국교육에서의 젠더 평등과 공평-여성연구에 대한 개념 확장의 필요성. **교육사회학연구**, 14(2), 219-246.

홍두승(1983). 직업분석을 통한 계층연구-한국표준직업분류를 중심으로. **사회과학과 정책연구**, 5(3), 69-87.

홍두승(1983). 한국사회계층연구를 위한 예비적 고찰. 서울대학교 사회과학연구회(편), **한국사회의 전통과 변화**(p.169-213). 서울: 법문사.

홍두승·구해근(2001). **사회계층·계급론**. 서울: 익산출판사.

황순희(1993). 학력의 사회적 기능-아이덴티티의 준거: 사회적 자본의 축적-. **교육사회학연구**, 3(1), 157-177.

여성통계연보, 각년도

Aldrich, J. H., & Nelson, F. D.(1989). *Linear probability, logit and pobit models.*

SAGE Publications

Althauser, R. P., & Kalleberg, A. L.(1981). Firm, occupation and the structure of labor market. in I. Berg(ed.), *Sociological Perspectives on Labor Markets*(pp.119−149). New York: Academic Press.

Astin, H.(1977). *Four critical years*: *Effects of college on beliefs attitudes and knowledge*. Sanfrancisco: Jossey−Bass.

Barron, R., & Norris, G.(1976). Sexual division and the dual labor. in Baker, D.(ed.), *Dependence and Exploitation in Work and Marriage*. London: Lonman.

Beggs, J. J., & Hurlbert, J. S.(1997). The social context of men's and women's job search ties: Voluntary organization membership, social resource and job search outcomes. *Sociological Perspect, * 40(4), 601−624.

Berge, J.(1972). *Ways of Seeing*. NY: Penguin Book.

Bian, Y.(1997). Bringing strong ties back in: Indirect ties, network bridges and job search in China. *American Sociological Review, * 62(3), 366−385.

Bielby, W. T., & Bielby, D. D.(1992). I will follow him: Family ties, gender−role beliefs and reluctance to relocate for a better Job. *The American Journal of Sociology, * 97(5), 1241−1267.

Boorman, S. A.(1975). A combinational optimization model for transmission of job information through contact networks. *Bell Journal of Economics, * 6, 216−249.

Bourdieu, P.(1995). **구별짓기: 문화와 취향의 사회학** [Distinction: A Social Critique of the Judgement of Taste]. (최종철 역). 서울: 새물결. (원서 1984 출판).

Bourdieu, P.(1986). The forms of capital. in J. C. Richardson(ed.). *Handbook of Theory and Research for the Sociology of Education*(p.241−258). Westport, CT: Greenwood Press.

Boxman, E. A. W., & De Graaf, P. M. & Flap. H. D.(1991). The impact of social and human capital on the income attainment of dutch manager author. *Sociological Networks, * 13(1), 51−73.

Brass, D. J.(1985). Men's and women's network: A study of interaction patterns and influence in an organization. *Academy of Management Journal, * 327−343.

Braverman, H.(1987). **노동과 독점자본: 20세기에서의 노동의 쇠퇴** [Labor and Monopoly Capital]. (이한주·강남훈 공역). 서울: 까치. (원서 1974 출판)

Bridges, W. P., & Villemez, W. J.(1986). Informal hiring and income in the labor market. *American Sociological Review,* 51, 574−582.

Brinton, M. C., & Kariya, T.(1998). International embeddedness in japanese labor market. in M. C. Brinton & V. Nee(Eds.), *The New Institutionalism in Sociology*(p.181−207). New York: Rusell Sage Foundation.

Brinton, M. C.(2000). Social capital in the japanese youth labor market: Labor market policy, school and norms. *Policy Sciences,* 33, 289−306.

Burke, R. J., Rothsthein, M. G. & Bristor, J. M.(1995). Interpersonal networks of managerial and professional women and men: Descriptive characteristics. *Women in Management Review,* 10(1), 21−27.

Burt, R. S.(1997a). The contingent value of social capital. *Administrative Science Quarterly,* 42(2). 339−365.

Burt, R. S.(1997b). The gender of social capital. *Rationality and Society,* 10(1), 5−42.

Chatters, L. M., & Taylor, R. J., & Neighbors, H. W.(1989). Size of informal helper network mobilized during a serious personal problem among black americans. *Journal of Marriage and the Family,* 5(3), 667−677.

Campbell, K. E., & Rosenfeld, R. A.(1985). Job search and job mobility: Sex and race differences. in R. L. Simpson & I. H. Simpson(Eds), *Research in the Sociology of Work* (Vol.3, p.147−174). Greenwich, CT: JAI.

Campbell, K. E.(1988). Gender differences in job−related networks. *Work and Occupations,* 15(2), 179−200.

Coleman, J. S.(1988a). Social capital and schools. *The Education Digest,* 53(8), 6−9.

Coleman, J. S.(1988b). Social capital in the creation of human capital. *American Journal of Sociology,* 94, 94−121.

Coleman, J. S.(1990). *Foundations of social theory.* Cambridge: Harvard University Press.

Doeringer, P., & Piore, M.(1971). *Internal labor markets and manpower analysis.* Lexinton Books.

Dzubow. S. R.(1985). Entering the job market. *Journal of College Placement,* Spring, 49−54.

Eliason, M. J.(1995). Accounts of sexual identity formation in heterosexual students.

Sex Roles. New York, 32(11−12), 821.

Ensel, W. M.(1979). *Sex, social ties and status attainment*. Albany, NY: State Univ. New York at Albany Press.

Erickson, B. H.(1996). Culture, class and connection. *The American Journal of Sociology, 102(1)*, 217−251.

Finneran, L. & Kelly, M.(2003). Social networks and inequality. *Journal of Urban Economics*, 53(2003), 282−299.

Goodwin, J.(1994). Network analysis, culture and the problem of agency. *The American Journal of Sociology,* 99(6), 1411−1454.

Granovetter, M.(1973). The strength of weak ties. *The American Journal of Sociology,* 78, 1360−1380.

Granovetter, M.(1974). *Getting a job: A study of contacts and careers,* Cambridge, MA: Harvard University Press.

Granovetter, M.(1982). The strength of weak ties: A network theory revisited. in P. V. Marsden & N. Lin(Eds.), *Social Structure and Network Analysis*(p.105−130). Beverly Hills, CA.:Sage.

Green, G. P., Tigges, L. M., & Browne, I.(1995). Social resources, job search and poverty in attlanta. *Research. in Community Sociology,* 5, 161−182.

Hay, R.(1986). Gender nontraditional or sex atypical or gender dominant or research: Are we measuring the same thing?. *Journal of Vocational Behavior,* 29, 79−88.

Heider, F.(1958). *The Psychology of Interpersonal Relations*. New York: Wiley.

Ibarra, H.(1993). Personal networks of women and minorities in management: A conceptual framework. *Academy of Management Review,* 18(1), 56−88.

Ishida, H.(1993). *Social mobility in contemporary Japan*. Stanford. CA: Stanford University Press.

Inkeles, A.(2000). Measuring social capital and its consequences. *Policy Sciences,* 33(3−4), 245−268.

Jacobs, J. A.(1989). *Revolving doors: Sex segregation and women's careers*. Stanford, CA: Stanford University Press.

Donovan, J.(1985). *Feminist theory: The intellectual traditions of American feminism*.

New York: Frederick Ungar Co.

Kanter, R. M.(1993). Women and labour market: Introduction. In C. Ungerson and M. Kember(eds.). *Women and Social Policy a Reader*. London: Macmillan.

Katsillis, J., & Rubinson, R.(1990). Cultural capital, student achievement and educational reproduction: The case of Greece. *American Sociological Review*, 55(2), 270-279.

Lin, N.(1982). Social resources and instrumental action, Marseden and Nan Lin(eds.), *Social Structure and Network Analysis*. Sage Publications.

Lin, N.(1999). Social networks and status attainment. *Annual Review of Sociology*, 25, 467-487.

Lin, N.(2000). Inequality in social capital. *Contemporary Sociology*, 29(6), 785-795.

Lin, N. W., & Ensel, M. & Vaughn, J. G.(1981). Social resources and strength of ties: Structural factors in occupational status attainment. *American Sociology Review*, 46, 393-405.

Loury, G.(1977). A dynamic theory of racial income difference in P. A. Wallace & A. LeMund(eds.) *Women, Minorities and Employment Discrimination*(p.153-186). Lexington: Lexington Books.

Marsden, P. V., & Hurlbert, J. S.(1988). Social resources and mobility outcomes: A replication and extention. *Social Force, 66*, 1038-1059.

Marsden, P. V., & Campbell, K. E.(1984). Measuring tie strength. *Social Forces, 63*, 482-501.

Marsden, P. V.(1987). Core discussion network of Americans. *American Sociological Review, 52*, 122-131.

McPherson, J. M., & Smith-Lovin, L.(1982). Women and weak ties: Differences by sex in the size of voluntary organizations. *American Journal of Sociology, 87*, 883-906.

Montgomery, J. D.(1992). Job search and network composition: Implication of the strength of weak tie. *American Sociological Review*, 57(5). 586-596.

Montgomery, J. D.(1994). Weak ties, employment and inequality: An equilibrium analysis. *American journal of Sociology*, 99(5), 1212-1236.

Moore, G.(1990). Structural determinants of men's and women's personal network.

American Sociological Review, 55(5), 726−735.

Noe, R. A.(1988). Women and mentoring: A review and research agenda. *Academy of Management Review,* 13(1), 65−78.

Persaud, I., Sipley, B., Coutts, B & Colwill, N. L.(1990). *Gender differences in informal social supports: Implication for integrating women into management.* Paper presented at the 1990 ASAC Conference, Whistler, BC, June 1990.

Petersen, T., & Ishak, S., & Seidel, M. L.(2000). Offering a job: Meritocracy and social networks. *American Journal of Sociology,* 106(3), 763−815.

Petraki, K. A.(1993). Women in management: The "glass ceiling" and how to break it. *Women in Management Review,* 8(4), 9−15.

Podolny, J. M., & Baron, J. N.(1997). Resources and relationships: Social networks and mobility in the workplace. *American Sociological Review,* 62(5), 673−693.

Portes, A.(1998). Social capital: Its origins and applications in modern sociology. *Annual Review Sociology, 24.* 1−24.

Powell, G. N.(1988). *Women and Men in Management.* Sage Publications, Newbury Park.

Power, S.(2000). Educational pathways into the middle class(es). *British Journal of Sociology of Education,* 21(2). 133−146.

Putnam, R. D.(1993). The prosperous community: Social capital and public life. *The American Prospect,* 13, 35−42.

Raymond, A. N.(1998). Women and mentoring: A review and research agenda. *Academy of Management Review,* 13(1), 65−78.

Redclift, N., & Sinclair, M. T.(1991). *Working Women: International Perspectives on Labour and Gender.* London; New York: Routledge.

Reid, I.(2000). Review Essay: Changing inequalities in education?. *British Journal of sociology of Education,* 21(2). 299−307.

Roche, G.(1979). Much ado about mentors. *Harvard Business Review,* 57, 17−28.

Rosenbaum, J., & Kariya, T.(1989). From high school to work: Market and institutional mechanism in Japan. *American Journal of Sociology,* 94(6), 1334−1365.

Rothstein, M. G., & Davey, L. M.(1995). Gender differences in network relationships in academia. *Women in Management Review,* 10(6), 20-25.

Scott, J.(2002). *Social networks: Critical concepts in sociology.* London: Routledge.

Sorensen, A. B & Kalleberg. A. L.(1981). An outline of a theory of the matching of person to jobs. In Berg, I.(ed.), *Sociological Perspectives on the Labor Market*(p.49-74).

Stanton-Salazar, Ricardo D., & Donbusch, Sanford M.(1995). Social capital and the reproduction of equality: Information networks among mexican-origin high school students. *Sociology of Education,* 68(2), 116-135.

Stevens, N. D.(1973). Job search behavior: A segment of vocational development. *Journal of Vocational Behavior,* 3, 209-219.

Lee, S. H., & Brinton, M. C.(1996). Elite education and social capital: The case of south Korea. *Sociology of Education,* 69(3), 177-192.

Techman, J. D., & Paasch, K.. & Carver, K.(1997). Social capital and the generation of human capital. *Social Force,* 75(4), 1343-1359.

Travers, C., & Stevens, S. & Pemberton, C.(1997). Women's networking across boundaries: Recognizing different cultural agendas. *Women in Management,* 12(2), 61-70.

Trieman, Donald J.(1977). *Occupational Prestige in Comparative Perspective.* New York: Academic Press.

Vinnicombe, S & Colwill, N. L.(1996). *The Essence of Women in Management,* Prentice-Hall, Englewood Cliffs, NJ.

Wegener, B.(1991). Job mobility and social ties: Social resources, prior job and status attainment. *American Sociological Review,* 56(1), 60-71.

Wellman, B., Carrington, P. J & Hall, A.(1988). Networks as personal communities, in B. Wellman and S. D. Berkowitz(eds.), *Social Structures: A Network Approach*(p.130-184), New York: Cambridge University Press.

Wellman, B. & Wortley, S.(1990). Different strokes from different folks: Community ties and social support. *American Journal of Sociology,* 96, 558-588.

· 저자 ·

안재희　　·약　력·

숙명여자대학교 교육학과 졸업
숙명여자대학교 교육학과 교육사회학 박사
前 한국여성정책연구원, 한국청소년정책연구원 위촉연구원
前 숙명여자대학교 아시아여성연구소 연구교수
현재 숙명여자대학교 여성인적자원개발연구센터 책임연구원

·주요논저·

「대졸 여성의 취업에 대한 제도적 사회자본의 영향」
「한국과 스웨덴의 과학, 기술, 공학교육 분야에서 젠더문제의 성평등정책
비교 분석」
「실업계, 얌순이들의 보고서」(2003)

외 다수

구직과 제도적 사회자본

· 초판 인쇄	2008년 2월 29일
· 초판 발행	2008년 2월 29일
· 지 은 이	안재희
· 펴 낸 이	채종준
· 펴 낸 곳	한국학술정보㈜
	경기도 파주시 교하읍 문발리 513-5
	파주출판문화정보산업단지
	전화　031) 908-3181(대표) · 팩스　031) 908-3189
	홈페이지　http://www.kstudy.com
	e-mail(출판사업부)　publish@kstudy.com
· 등　　록	제일산-115호(2000. 6. 19)
· 가　　격	10,000원

ISBN　　978-89-534-8067-4 93370 (Paper Book)